汽车电工电子技术基础探索

岑遗星 著

汕头大学出版社

图书在版编目（CIP）数据

汽车电工电子技术基础探索 / 岑遗星著. -- 汕头：汕头大学出版社，2023.5
ISBN 978-7-5658-5009-7

Ⅰ. ①汽… Ⅱ. ①岑… Ⅲ. ①汽车－电工技术－研究 ②汽车－电子技术－研究 Ⅳ. ①U463.6

中国国家版本馆CIP数据核字（2023）第081144号

汽车电工电子技术基础探索
QICHE DIANGONG DIANZI JISHU JICHU TANSUO

作　　者：	岑遗星
责任编辑：	陈　莹
责任技编：	黄东生
封面设计：	皓　月
出版发行：	汕头大学出版社
	广东省汕头市大学路243号汕头大学校园内　邮政编码：515063
电　　话：	0754-82904613
印　　刷：	廊坊市海涛印刷有限公司
开　　本：	710mm×1000mm　1/16
印　　张：	11
字　　数：	174千字
版　　次：	2023年5月第1版
印　　次：	2023年6月第1次印刷
定　　价：	68.00元

ISBN 978-7-5658-5009-7

版权所有，翻版必究
如发现印装质量问题，请与承印厂联系退换

前 言
PREFACE

  随着科学技术的进步，汽车越来越多地融入了电子高科技手段，从单个电子元件到自动控制，从网络技术到人工智能。新能源汽车更是异军突起，其核心技术之一就是电子控制技术。汽车技术的发展必然对当代汽车从业人员提出更高的要求，只有不断加强电工电子等相关知识，完善知识结构，才能满足对汽车检测、维修及相关售后服务的工作要求。

  本书属于汽车电工电子技术基础方面的著作，本书将基础理论和技能实训融为一体。在具体内容选取上按照必需、够用并兼顾知识的系统性原则进行取舍，同时引进汽车电工电子方面的新器件、新技术。在具体内容的安排上，推陈出新，由浅入深，通俗易懂。全书包括汽车直流电路分析、汽车电源电路分析、汽车常用仪表的使用、汽车点火系统的变压原理、汽车用直流电动机与电气控制、晶体管在汽车电路中的应用和数字电路在汽车电路中的应用。本书论述严谨，结构合理，条理清晰，内容丰富，对从事汽车电工电子专业的研究学者与汽车技术工作者有学习和参考的价值。

  在本书的策划和编写过程中，曾参阅了国内外有关的大量文献和资料，从其中得到启示；同时也得到了有关领导、同事、朋友及学生的大力支持与帮助。在此致以衷心的感谢。本书的选材和编写还有一些不尽如人意的地方，加上编者学识水平和时间所限，书中难免存在缺点，敬请同行专家及读者指正，以便进一步完善提高。

目 录
CONTENTS

第一章　汽车直流电路分析 …………………………………………… 001
　　第一节　电与电路 ………………………………………………… 001
　　第二节　直流电路分析 …………………………………………… 004

第二章　汽车电源电路分析 …………………………………………… 011
　　第一节　蓄电池 …………………………………………………… 011
　　第二节　交流发电机 ……………………………………………… 026
　　第三节　电压调节器 ……………………………………………… 035
　　第四节　汽车电源系统故障检修 ………………………………… 039
　　第五节　汽车电源新技术 ………………………………………… 042

第三章　汽车常用仪表的使用 ………………………………………… 045
　　第一节　汽车电工电子常用工具及常规使用方法 ……………… 045
　　第二节　汽车专用万用表的使用 ………………………………… 049

第四章　汽车点火系统的变压原理 …………………………………… 053
　　第一节　点火系统的作用及分类 ………………………………… 053
　　第二节　传统点火系统 …………………………………………… 058
　　第三节　普通电子点火系统 ……………………………………… 072
　　第四节　微机控制点火系统 ……………………………………… 086

第五章　汽车用直流电动机与电气控制 ……………………………… 099
　　第一节　汽车用直流电动机的拆装与检修 ……………………… 099
　　第二节　电气控制 ………………………………………………… 107

第六章　晶体管在汽车电路中的应用 ………………………………… 118
　　第一节　晶体管在汽车电路中的应用 …………………………… 118
　　第二节　共射极放大电路的应用 ………………………………… 121
　　第三节　集成运算放大电路的应用 ……………………………… 126

第七章　数字电子电路在汽车电路中的应用 ……………………… 132
　　第一节　数字电子电路 ………………………………………… 132
　　第二节　逻辑门电路 …………………………………………… 148
　　第三节　触发器的分析与运用 ………………………………… 155
　　第四节　时序逻辑电路 ………………………………………… 160

参考文献 ……………………………………………………………… 168

第一章 汽车直流电路分析

第一节 电与电路

一、电的三要素

（一）电压

电压，也称作电势差或电位差，是衡量单位电荷在静电场中由于电势不同所产生的能量差的物理量，用字母 U 表示。其大小等于单位正电荷因受电场力作用从 A 点移动到 B 点所做的功，电压的方向规定为从高电位指向低电位的方向。此概念与水位高低所造成的"水压"相似。需要指出的是，"电压"一词一般只用于电路当中，"电势差"和"电位差"则普遍应用于一切电现象当中。

电压的国际单位制为伏特（V，简称伏），常用的单位还有毫伏（mV）、微伏（μV）、千伏（kV）等。它们之间的关系为：1kV=1000V，1V=1000mV，1mV=1000μV。

（二）电流

电流，科学上把单位时间内通过导体任一横截面的电量叫作电流强度，简称电流，用字母 I 表示。它的单位是安培，简称"安"，符号为"A"，常用的单位还有毫安（mA）、微安（μA）。它们之间的关系为：1A=1000mA，1mA=1000μA。

（三）电阻

电阻是一个物理量，在物理学中表示导体对电流阻碍作用的大小。导体的电阻越大,表示导体对电流的阻碍作用越大。不同的导体,电阻一般不同,电阻是导体本身的一种特性。电阻将会导致电子流通量的变化,电阻越小,电子流通量越大,反之亦然。而超导体则没有电阻。电阻用R表示。电阻的单位在国际单位制中是欧姆(Ω),简称欧。电阻还常用kΩ和MΩ作单位,它们之间的关系是:1MΩ=1000kΩ=1000000Ω。

二、电路的概念与组成

(一)电路的基本组成

电路是电流流通的路径,一个完整的电路一般包括电源、负载、开关和连接导线4个部分。

1. 电源

为电路提供电能的设备和器件。汽车上的电源有蓄电池、发电机。

2. 负载

电路中利用电能来工作的元器件,也称为用电器或者用电设备。如汽车中的各种照明设备、喇叭、电动风扇等。

3. 导线

连接电路中的各元器件,传输电流。

4. 开关

电路中控制接通与断开的器件。如按钮、开关等。

(二)电路的基本元件

1. 电阻

详见前文。

2. 熔断器

熔断器是根据电流超过规定值一段时间后,以其自身产生的热量使熔体熔化,从而使电路断开的一种电流保护器。熔断器广泛应用于高低压配电系统和控制系统以及用电设备中,作为短路和过电流的保护器,是应用最普遍的保护器件之一。

3. 电容器

用字母C表示。电容器是电子电路中常用的电子元件之一，具有隔直流、通交流和储存电荷等特性。汽车的音响电路、点火电路、电容式传感器等都包含电容器元件。

标注在电容外壳上的电容量的大小称为标称电容，在国际单位制里，电容的单位是法拉，简称法，符号是F。由于法拉这个单位太大，所以常用的电容单位有毫法（mF）、微法（μF）、纳法（nF）和皮法（pF）等，换算关系如下：

1法拉（F）=1000毫法（mF）=1000000微法（μF）

1微法（μF）=1000纳法（nF）=1000000皮法（pF）

4. 电感器

能够把电能转化为磁能而存储起来的元件，是电子线路中的重要元件，在电路中具有阻交流、通直流的作用。和电容器一样，电感器也是一种储能元件。

电感器以符号L表示，单位为亨利（H），常用的单位还有毫亨（mH）、微亨（μH），换算关系如下：

1H=1000mH

1mH=1000μH

（三）汽车电路的特点

1. 两个电源

汽车上有两个电源，分别是蓄电池和发电机。

2. 低压直流

汽车的额定电压主要有12V和24V，汽车电源由蓄电池供电，为直流电流。

3. 单线并联

汽车上电源和用电器之间只用一根导线连接，另一根导线由发动机、车架等金属机体代替而构成回路，汽车上的用电器采用并联方式连接。

4. 负极搭铁

汽车电路采用单线制，电源的负极端接到发动机或者车架上，称为搭铁，用符号"⊥"表示。

三、欧姆定律

（一）部分电路欧姆定律

在同一电路中，通过某段导体的电流跟这段导体两端的电压成正比，跟这段导体的电阻成反比，$I = \dfrac{U}{R}$。如图1-1所示。

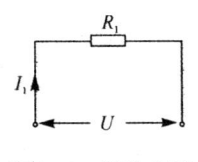

图1-1　部分电路

（二）全电路欧姆定律

在包含电源的全电路中，电流强度与电源的电动势成正比，与整个电路的内、外电阻之和成反比，$I = E/(R+r)$。如图1-2所示。

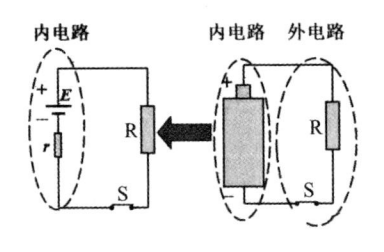

图1-2　全电路

第二节　直流电路分析

一、电路的基本连接

（一）电路的基本连接方法

1. 串联电路

把两个或两个以上的用电器首尾依次连接，组成一条无分支的电路，这

样的连接方式叫作串联电路，如图1-3所示。（首尾相接）

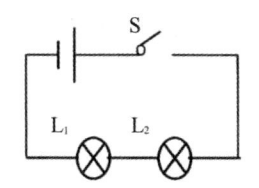

图1-3　串联电路

2．并联电路

把两个或两个以上的用电器接在电路中相同的两点之间，承受同一电压，这样的连接方式叫作电路的并联，如图1-4所示。（首首相接，尾尾相连）

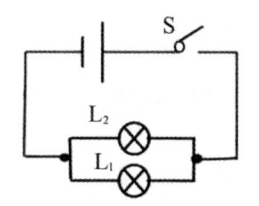

图1-4　并联电路

3．混联电路

指既有串联又有并联的结构方式，如图1-5所示。在电路、机床混合动力系统等中常用。

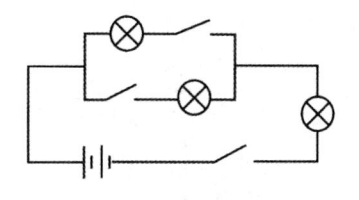

图1-5　混联电路

（二）串联和并联电路的特点

1．串联电路的特点

电压：

$$U_总 = U_1 + U_2 + U_3 + \cdots\cdots U_n$$

电流：

$$I_1 = I_2 = I_3 = I_4 \cdots\cdots I_n$$

电阻：

$$R_总 = R_1 + R_2 + R_3 + \cdots\cdots R_n$$

2．并联电路的特点

物理量关系：

电压：

$$U_1 = U_2 = U_3 = \cdots\cdots U_n$$

电流：

$$I_总 = I_1 + I_2 + I_3 + \cdots\cdots I_n$$

电阻：

$$\frac{1}{R_总} = \frac{1}{R_1} + \frac{1}{R_2} + \frac{1}{R_3} + \cdots\cdots \frac{1}{R_n}$$

（三）电路的三种工作状态

电路因中间环节的不同连接，可处于三种不同的工作状态，分别为通路、开路（断路）、短路，如图1-6所示。

通路

断路

短路

图1-6 电路的三种工作状态

1．通路

电源与负载接通，电路中有电流通过，使电气设备或元件获得一定的电压和电功率，进行能量转换。

2．断路

也称为开路状态或空载状态。电路中没有电流流过，负载两端也没有电压。

3．短路

电源两端直接相连接，输出电流过大，如没有保护措施，容易引起机器损坏或者火灾。在实际工作中，不允许电路处于短路状态，为避免短路或过载，汽车电路中一般安装有保险装置，如保险丝、熔断器等。

二、简单直流电路的计算

（一）功率

1．功率的描述

作为表示消耗电能快慢的物理量，一个用电器的功率在数值上等于它在1s内所消耗的电能。如果在时间 t（单位为s）内消耗的电能为 W（单位为J），那么这个用电器的电功率就是 $P = W/t$。

2．功率的公式表示

电功率等于导体两端电压与通过导体电流的乘积，即 $P = UI$，单位为瓦（W）。

对于纯电阻电路，电功率还可以用公式 $P = I^2R$ 表示。

每个用电器都有一个正常工作的电压值叫额定电压，电器在额定电压下正常工作的功率叫作额定功率，电器在实际电压下工作的功率叫作实际功率。

3．单位换算

W——电能，单位为焦耳（J），$1kW \cdot h = 3.6 \times 10^6 J$；

t——时间，单位为秒（s），1时（h）=3600秒（s）；

P——用电器的功率，单位为瓦（W），1kW=1000W。

（二）电池组

1. 相同电池的串联

如图1-7（a）所示串联电池组，每个电池的电动势均为E、内阻均为r。如果有n个相同的电池相串联，那么整个串联电池组的电动势与等效内阻分别为：

$$E_{串} = nE \quad r_{串} = nr$$

串联电池组的电动势是单个电池电动势的n倍，额定电流相同。

2. 相同电池的并联

如图1-7（b）所示并联电池组，每个电池的电动势均为E、内阻均为r。如果有n个相同的电池相并联，那么整个并联电池组的电动势与等效内阻分别为：

$$E_{并} = E$$

$$1/r_{总} = 1/r_1 + 1/r_2 + \cdots + 1/r_n$$

并联电池组的额定电流是单个电池额定电流的n倍，电动势相同。

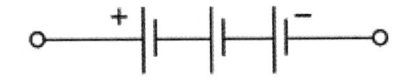

（a）电池组的串联

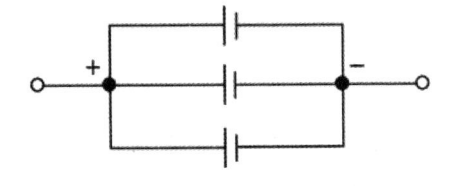

（b）电池组的并联

图1-7 电池组的连接

（三）电阻的连接方式

几个电阻首尾依次连接，组成无分支的电路，这种连接方式叫作电阻串联。如图1-8所示电路为两个电阻组成的串联电路及其等效电路。

（a）两个电阻串联

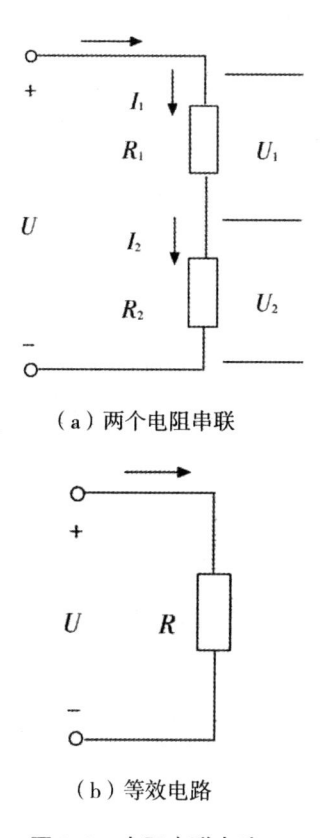

（b）等效电路

图1-8 电阻串联电路

三、电路的电位

（一）参考点

在计算电路中某点的电位，首先要确定一个参考点，作为零参考点。参考点的选择可以是任意的，但一经选定，在分析和计算过程中就不能再改动。在实际应用中，对于强电的电力电气线路，以大地为参考点，接地时用"⊥"表示；在弱电的电子电路中，以装置外壳或地板为参考点，接外壳或底板时用符号"⊥"表示。

（二）电位的计算

电路的参考点确定后，某一点的电位即是该点到参考点的电压。进行某点的电位计算可以从电路中这一点到参考点任取一条路径，计算沿途电压升高与降低的代数和。计算过程中，电动势E由低电位指向高电位；对于电阻，电流从高电位流入，从低电位流出。

（三）某点电位的计算

如图1-9所示电路，已知 $E=6V$、$R_1=2\Omega$，$R_2=10\Omega$，$I=0.5A$，分别以B、C为参考点，求出A、B、C各点电位值及AB两点之间的电压。

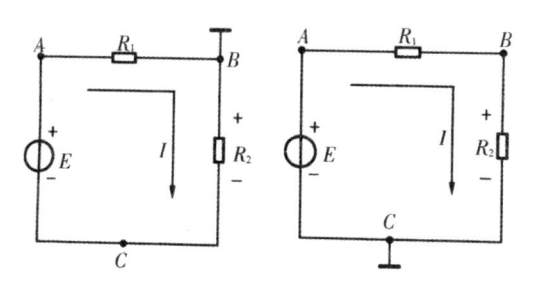

图1-9 电路图

解：以B为参考点（Vb=0），根据电位的计算方法得A、B、C各点电位为：

$$V_B = 0$$

$$V_A = IR_1 = 0.5A \cdot 2\Omega = 1V$$

或者：

$$V_A = E - IR_2 = 6V - 0.5A \cdot 10\Omega = 1V$$

$$V_c = -E + IR_1 = -5V$$

或者：

$$V_A = -IR_2 = -0.5A \cdot 10\Omega = -5V$$

$$U_{AB} = V_A - V_B = 1V - 0 = 1V$$

以C为参考点计算：

$$V_c = 0$$

$$V_B = -IR_2 = -0.5A \cdot 10\Omega = -5V$$

$$V_A = -I(R_2+R_2) = 0.5A \cdot (2\Omega + 10\Omega) = 6V$$

$$U_{AB} = V_A - V_B = 6V - 5V = 1V$$

可知，不同参考点，电位不同，电压值是固定的。

第二章　汽车电源电路分析

第一节　蓄电池

一、蓄电池的功用

汽车用蓄电池为铅酸蓄电池。铅酸蓄电池的优点是放电时电动势较稳定，其缺点是比能量（单位质量所蓄电能）小，对环境腐蚀性强。铅酸蓄电池的工作电压平稳，使用温度及使用电流范围宽，能充放电数百个循环，储存性能好（尤其适于干式荷电储存），造价较低，因而应用广泛。

蓄电池主要负责起动汽车发动机和为车内电控系统供电，保证车辆的正常运行。在不供电时由安装在发动机上的发电机为其充电，在发动机不工作时其为电控系统供电。①当起动发动机时，蓄电池给起动机提供强大的起动电流（一般为200~600A）。②当发电机过载时，蓄电池可以协助发电机向用电设备供电。③当发动机处于怠速状态时，蓄电池向用电设备供电。④当发电机端电压高于蓄电池的电动势时，蓄电池将一部分电能转变为化学能储存起来，也就是进行充电。⑤蓄电池也是一个大容量电容器，可以保护汽车的用电器。

汽车电源系统电路如图2-1所示。

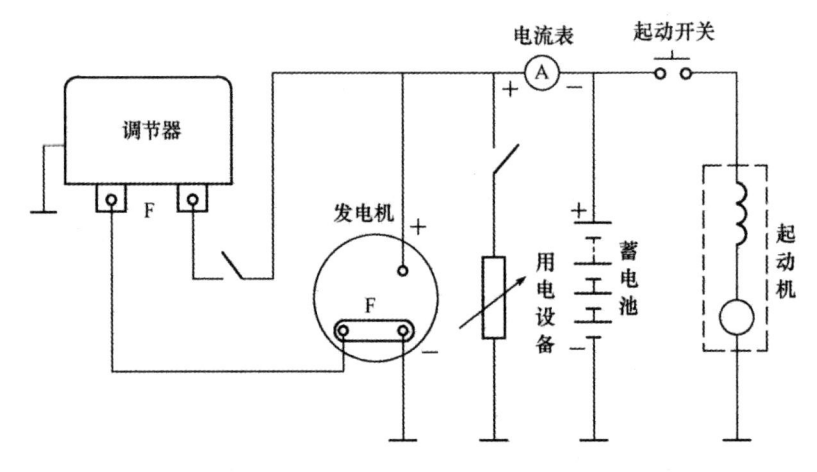

图2-1 汽车电源系统电路

二、蓄电池的类型与特点

（一）普通蓄电池

普通蓄电池的极板由铅和铅的氧化物构成，电解液是硫酸的水溶液。它的主要优点是电压稳定、价格便宜；其缺点是比能量低、使用寿命短、日常维护频繁。

（二）干荷蓄电池

干荷蓄电池的全称是干式荷电铅酸蓄电池。它的主要特点是负极板有较高的储电能力，在完全干燥的状态下，能在两年内保存所得到的电量。使用干荷蓄电池时，只需加入电解液，等待20～30min就可使用。

（三）免维护蓄电池

免维护蓄电池由于自身结构的优势，电解液的消耗量非常小，在使用寿命内基本不需要补充蒸馏水。它还具有耐振、耐高温、体积小、自放电小的特点。其使用寿命一般为普通蓄电池的2倍。市场上的免维护蓄电池有两种：一种是在购买时一次性加好电解液，后续使用中不需要维护（添加补充液）；另一种是电池本身出厂时就已经加好电解液并封死，用户根本就不能添加补充液。

三、蓄电池的结构与规格型号

铅酸蓄电池自19世纪50年代末期由普兰特发明以来，至今已有150多年的历史，技术十分成熟，是全球使用最广泛的化学电源。尽管近年来镍镉电池、镍氢电池、锂离子电池等新型电池相继问世并得以应用，铅酸蓄电池仍然凭借大电流放电性能强、电压特性平稳、温度适用范围广、单体电池容量大、安全性高、原材料丰富且可再生利用、价格低廉等一系列优势，在绝大多数传统领域和一些新兴的应用领域，占据牢固的地位。

铅酸蓄电池由正、负极板，隔板，壳体，电解液，连接条，正、负极柱等组成。

（一）正、负极板

①极板的分类及构成：极板分为正极板和负极板两种，均由栅架和填充在其上的活性物质构成。②极板的作用：在蓄电池充、放电过程中，电能和化学能的相互转换就是依靠极板上活性物质和电解液中硫酸的化学反应来实现的。③极板的颜色区分：正极板上的活性物质是二氧化铅（PbO_2），呈深棕色；负极板上的活性物质是海绵状纯铅（Pb），呈青灰色。④栅架的作用：栅架的作用是容纳吸附活性物质并使极板成形，一般由镍合金浇铸而成。⑤极板组：为增大蓄电池的容量，就必须增加极板的表面积。因此，将多片正、负极板分别并联焊接，组成正、负极板组。⑥安装的特别要求：安装时正、负极板相互嵌合，中间插入隔板。在每个单体电池中，负极板的数量总比正极板多一片。

（二）隔板

①作用：为了减小蓄电池的内阻和尺寸，蓄电池内部正、负极板就应尽可能地靠近；为了避免彼此接触而短路，正、负极板之间就要用隔板隔开。②材料要求：隔板材料应具有多孔性和渗透性，且化学性能要稳定，即具有良好的耐酸性和抗氧化性。③材料：常用的隔板材料有木质隔板、微孔橡胶、微孔塑料、玻璃纤维和纸板等。④安装要求：安装时隔板上带沟槽的一面应面向正极板。

（三）壳体

①作用：盛放电解液和极板组。②材料：由耐酸、耐热、耐振、绝缘性好并且有一定力学性能的硬橡胶或聚丙烯塑料制成。③结构特点：壳体为整体式结构，壳体内部由间壁将其分隔成3个或6个互不相通的单格，底部有突起的肋条以搁置极板组。肋条之间的空间被用来积存脱落下来的活性物质，以防止其在极板间造成短路，极板装入壳体后，上部用与壳体相同材料制成的电池盖密封。在电池盖上对应每个单格的顶部都有一个加液孔，用于添加电解液和蒸馏水，也可用于检查电解液液面高度和测量电解液相对密度。

（四）电解液

①作用：电解液在电能和化学能的转换过程，即在充电和放电的电化学反应中起离子间的导电作用并参与化学反应。②成分：它由化学纯硫酸和蒸馏水按一定比例配置而成，其密度一般为1.24~1.30g/cm^3。③配置：把计算好的纯水量先放入洗净的容器内，再小心地将纯净的浓硫酸徐徐注入纯水内，并不断用搅棒均匀搅拌；如果调出的电解液比重和实际需要值有偏差，若偏低则可加入适当1.30g/cm^3（25℃）稀硫酸，若偏高则可适当加入纯水予以调整，最后达到所需要值。④特别注意点：电解液的纯度是影响蓄电池的性能和使用寿命的重要因素。

（五）单体电池的串接方式

蓄电池一般由3个或6个单体电池串联而成，额定电压为6V或12V。

串接方式：单体电池的串接方式一般有传统外露式、穿壁式和跨越式3种。

①传统外露式串接方式：这种串接方式工艺简单，但耗铅量多，连接电阻大，因而起动时电压降大，功率损耗也大且易造成短路。②穿壁式串接方式：其在相邻单体电池之间的间壁上打孔供连接条穿过，将两个单体电池的极板组极柱连焊在一起。③跨越式串接方式：相邻单体电池之间的间壁上边留有豁口，连接条通过豁口跨越间壁将两个单体电池的极板组极柱连接，所有连接条均布置在整体盖的下面。

穿壁式和跨越式串接方式与传统外露式串接方式相比，有连接距离短、材料消耗少、电阻小、起动性能好等优点。

（六）蓄电池的规格型号

以型号为6-QAW-54A的蓄电池为例，说明蓄电池的规格型号的编制含义：①6表示串联的单格电池数为6，每个单格电池电压为2V，即额定电压为12V。②Q表示蓄电池的类型为汽车起动用蓄电池，M表示摩托车用蓄电池，JC表示船舶用蓄电池，HK表示航空用蓄电池，D表示电动车用蓄电池，F表示阀控型蓄电池。③A和W表示蓄电池的特征，A表示干荷蓄电池，W表示免维护蓄电池，若不标则表示普通蓄电池。④54表示蓄电池的额定容量为54A·h（充足电的蓄电池，在常温下以20h放电率的放电电流放电20h蓄电池对外输出的电量）。⑤A表示对原产品的第一次改进，名称后加B表示第二次改进，以此类推。

四、蓄电池的工作原理

普通蓄电池的工作过程是一个化学能与电能相互转换的过程。当蓄电池的化学能转化为电能向外供电时，称为放电过程。当蓄电池与外界电源相连而将电能转化为化学能储存起来时，称为充电过程。电化学反应方程式可表示为如下形式。

放电：$PbO_2 + 2H_2SO_4 + Pb = 2PbSO_4 + 2H_2O$；

充电：$2PbSO_4 + 2H_2O = PbO_2 + 2H_2SO_4 + Pb$。

（一）电动势的建立

正极板上二氧化铅电离为正四价铅离子和负二价氧离子，铅离子附着在正极板上，氧离子进入电解液中，使正极板具有2.0V的正电位；负极板上的纯铅电离为正二价铅离子和两个电子，铅离子进入电解液中，电子留在负极板上，使负极板具有-0.1V的负电位。因此，正、负极板间有2.1V的电位差。

（二）放电过程

在电位差的作用下，电流从正极流出，经过灯泡流回负极，使灯泡发光。正极板上的正四价铅离子与电子结合生成正二价铅离子，进入电解液再与硫酸根离子结合生成硫酸铅（附着在正极板上）；负极板上的正二价铅离子也同硫酸根离子结合生成硫酸铅（附着在负极板上）。

结论：在放电过程中，正极板上的正四价铅离子得到电子成为正二价铅离子，并与硫酸根离子生成硫酸铅附着在正极板上；负极板上的铅失去电子成为正二价铅离子，并与硫酸根离子生成硫酸铅，附着在负极板上。

正极板上的正四价铅离子逐渐变成正二价铅离子，其电位逐渐降低；负极板上电子不断流出，其电位逐渐升高。放电过程结束，两极板间的电位差减小为"0"，外接电路中的灯泡熄灭。

随着放电过程的进行，电解液中的硫酸根离子不断与正、负极板上的铅离子生成硫酸铅而附着在极板上，使电解液中的硫酸根离子逐渐减少。同时，由于正极板上负二价氧离子与氢离子生成水，电解液中的水不断增多，使电解液的密度不断下降。

（三）充电过程

充电时，外接直流电源的正极接蓄电池的正极板，电源的负极接蓄电池的负极板。当直流电源的电动势高于蓄电池的电动势时，电流将以与放电电流相反的方向流过蓄电池。

正极板上，正二价铅离子失去两个电子成为正四价铅离子，再与水反应生成二氧化铅，附着在正极板上，电位升高；负极板上，正二价铅离子得到两个电子生成一个铅分子，附着在负极板上；从正、负极板上电离出来的硫酸根离子与水中的氢离子结合生成硫酸。

结论：在充电过程中，正极板上的正二价铅离子失去电子成为正四价铅离子，电位上升；负极板上的正二价铅离子得到电子成为铅分子，电位降低。正、负极板间的电位差加大。

随着充电过程的进行，极板上的硫酸根离子不断进入电解液与氢离子生成硫酸，电解液中的硫酸根离子逐渐增多，使电解液的密度不断升高。

五、蓄电池的工作特性及容量

（一）蓄电池的工作特性

蓄电池的工作特性包括蓄电池的静止电动势、内电阻、充电特性和放电特性。

1. 静止电动势

蓄电池的静止电动势是指蓄电池在静止状态下正负极板之间的电位差，用E_0表示。它的大小与电解液的相对密度和温度有关，当相对密度在$1.05 \sim 1.30 \text{g/cm}^3$时，可由下述经验公式计算其近似值。

$$E_0 = 0.85 + \rho_{25℃}$$

式中：E_0——蓄电池静止电动势（V）；

$\rho_{25℃}$——25℃时的电解液相对密度。

汽车用蓄电池的电解液相对密度在充电时增高，放电时下降，一般为$1.12 \sim 1.30 \text{g/cm}^3$，因此，蓄电池的静止电动势为$1.97 \sim 2.15$V。

2. 内电阻

蓄电池的内电阻大小反映了蓄电池带负载的能力，在相同的条件下，内电阻越小，输出电流越大，带负载能力越强。

蓄电池的内电阻为正负极板电阻、电解液电阻、隔板电阻、连接条和极柱电阻的总和，用R_0表示。

电解液的内阻随相对密度变化的关系如图2-2所示。相对密度为1.20g/cm^3左右时（15℃），硫酸的电离度最好，黏度较小，因此，其内阻最小。

3. 充电特性

蓄电池的充电特性是指在恒流充电过程中，蓄电池的端电压U和电解液密度等参数随充电时间变化的规律。

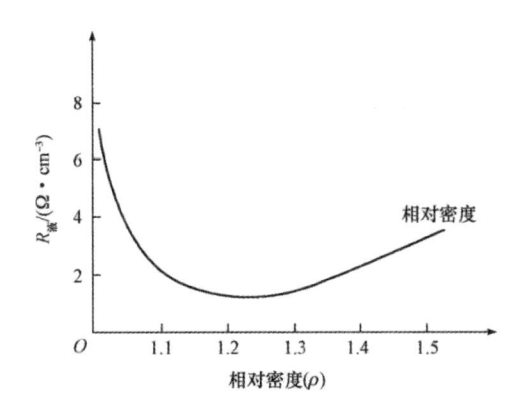

图2-2 电解液的内阻随相对密度变化的关系

充电时电源电压必须克服蓄电池的电动势和蓄电池内电阻产生的电压降I_0R_0，因此，充电过程中蓄电池的端电压总是大于蓄电池的电动势，即：

$$U_C = E + I_C R_0$$

蓄电池充电终了：电解液"沸腾"，端电压瞬间提高很多。如果继续充电就是过充电，会使容量下降。

蓄电池充电终了的特征如下：①蓄电池内部产生大量气泡，即电解水产生的"沸腾"现象。②单格电池的端电压上升至最大值（2.7V），且2~3h内不再上升。③端电压和电解液的密度均上升至最大值1.29g/cm³，且2~3h内不再上升。

4. 放电特性

蓄电池的放电特性是指在恒流放电过程中，蓄电池的端电压U_f和电解液相对密度ρ等参数随时间而变化的规律。

放电过程中，由于蓄电池内阻R_0上有压降，所以蓄电池的端电压总是小于其电动势E，即：

$$U_f = E - I_f \cdot R_0$$

式中：U_f——放电时蓄电池的端电压；

E——放电时蓄电池的电动势；

I_f——放电电流；

R_0——蓄电池的内电阻。

蓄电池放电终了的特征如下：①单格电池电压下降到放电终止电压值（当以20h放电率放电时，此值为1.75V）。②电解液的相对密度下降到最小许可值，约为1.11g/cm³。

（二）蓄电池的容量

1. 蓄电池的容量

蓄电池的容量是指蓄电池在完全充足电的情况下，在允许放电的范围内对外输出的电量，单位为安培·小时（A·h）。

在一定放电条件下，蓄电池的容量分为额定容量和起动容量。

额定容量是指完全充足电的蓄电池在电解液平均温度为25℃的情况下，以20h放电率的放电电流连续放电至单格电压降为1.75V时所输出的电量。如一个起动型蓄电池，在电解液平均温度为25℃的情况下，以5.0A放电电流连续放电20h后，单格电压降至1.75V，则它的额定容量为$Q=5.0×20=100(A·h)$。

根据起动时的温度不同，起动容量可分为常温起动容量和低温起动容量。

常温起动容量：在电解液温度为25℃的情况下，以5min放电率的放电电流连续放电至规定的终止电压时所输出的电量。

低温起动容量：在电解液温度为-18℃的情况下，以3倍额定容量的放电电流连续放电至规定的终止电压时所放出的电量。

2. 使用条件对容量的影响

（1）放电电流

放电电流越大，蓄电池的容量越低。放电电流过大则单位时间内参加反应的活性物质及硫酸量增多，由于极板孔隙内硫酸消耗过快，外部的硫酸不能及时渗到极板周围，电解液密度下降过快，蓄电池的端电压下降过快，提前到达终止电压。

使用起动机起动发动机时，蓄电池会大电流放电，端电压会急剧下降，输出容量会减小且容易损坏。因此起动发动机时要求一次起动时间不应超过

5s，连续两次起动应间隔15s。

（2）电解液的密度

适当增加电解液的密度，减小电解液的内阻，提高其渗透能力，有利于增加蓄电池的容量。但密度过高时，电解液的黏度增加，其内阻也增加，渗透能力有所降低，反而使蓄电池的容量下降。

适当降低电解液的密度，减小电解液的黏度，蓄电池的容量、放电电流可以有一定的提高。在正常工作条件下使用蓄电池时，采用低密度的电解液比较有利于蓄电池的放电。

（3）电解液的温度

电解液温度较低时，电解液的黏度增加，渗透能力下降，同时，电解液的溶解度和电离度也会下降，导致蓄电池的容量减小。

冬季在严寒地区使用蓄电池时，应注意蓄电池的保温，以免影响发动机的起动。

六、蓄电池的性能检测

蓄电池的性能检测包括外部检查、电解液液面高度的检测、电解液密度的检测、蓄电池端电压的检测及蓄电池放电程度的检测。

（一）外部检查

①蓄电池的外观都是比较规整的，应检查蓄电池有无变形、凸出、漏液、破裂炸开、烧焦、螺钉连接处有无氧化物渗出等。②应检查疏通加液孔盖上的通气孔。③应清洁蓄电池壳体、板桩和电缆连接器上的氧化物，保持蓄电池与负载电路的可靠连接。

（二）电解液液面高度的检测

蓄电池在使用过程中，车辆每行驶1 000 km或夏季每5~6天、冬季每10~15天，就应该对蓄电池的电解液液面高度进行检查，电解液液面高度应高出极板10~15mm。

（三）电解液密度的检测

根据实际经验，电解液相对密度每减小0.01g/cm^{3}相当于放电6%。所以，从测得的电解液相对密度可以估算蓄电池的充放电程度。常温下，蓄电池电量被充满时，电解液相对密度为1.28g/cm³；放电终了时，电解液相对密度为1.12g/cm³。

（四）蓄电池端电压的检测

一般采用蓄电池放电测试仪测量蓄电池端电压，用测试仪两正、负测钳分别夹持蓄电池正、负电极，按下测试按钮，观察测试仪表指示情况。

①如果仪表指示电压为9V以上则说明蓄电池状态良好。②如果低于9V但是指针处于某个数值不动，则说明蓄电池处于亏电状态，需要补充充电。③如果指针慢慢下降则说明蓄电池内部有短路现象。④如果指针快速下降为0V则说明蓄电池内部有断路现象。

（五）蓄电池放电程度的检测

测量时应将两叉尖紧压在单体电池的正、负极柱上，历时5s左右，观察大负荷放电情况下蓄电池所能保持的端电压。

一般技术状况良好的蓄电池，用高率放电计测量时，单体电池电压应在1.5V以上，并在5s内保持稳定；如果5s内电压迅速下降，或某一单体电池的电压比其他单体电池低0.1V以上时，则表示该单体电池有故障，应进行修理。

七、蓄电池的充电方法和充电类型

（一）蓄电池的充电方法

蓄电池的充电方法有：定压充电、定流充电和脉冲快速充电。

1. 定压充电

定压充电是指充电过程中充电电源电压保持恒定的充电方法。在汽车上，蓄电池采用的就是这种充电方法。定压充电的接线方法如图2-3所示。

定压充电时，根据$I_C = (U-E)/R$可知，随着蓄电池电动势E的增加，充电电流I_C逐渐减小。如果充电电压调节适当，则在充满电时充电电流为零，即充电完成。

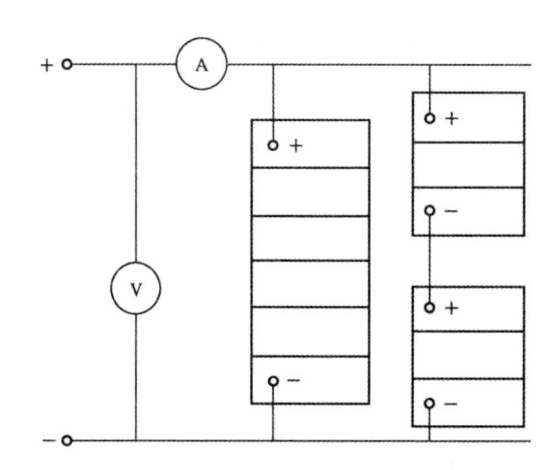

图2-3 定压充电的接线方法

定压充电时，被充蓄电池与充电电源并联，每条支路上单格电池的数目均应相等。同时还要选择合适的充电电压。若充电电压过高，则将导致过充电、极板弯曲、活性物质脱落、温升过高；若充电电压过低，则将导致蓄电池不能充足电。一般单格电池充电电压为2.5V。

在定压充电初期，充电电流较大，4~5h即可达到额定容量的90%~95%，因而充电时间较短，而且不需要照管和调整充电电流，适用于补充充电。由于充电电流不可调节，因此定压充电不适用于初充电和去硫化充电。

2. 定流充电

定流充电是指在充电过程中充电电流保持恒定的充电方法，被广泛用于初充电、补充充电和去硫化充电等。定流充电的接线方法如图2-4所示。

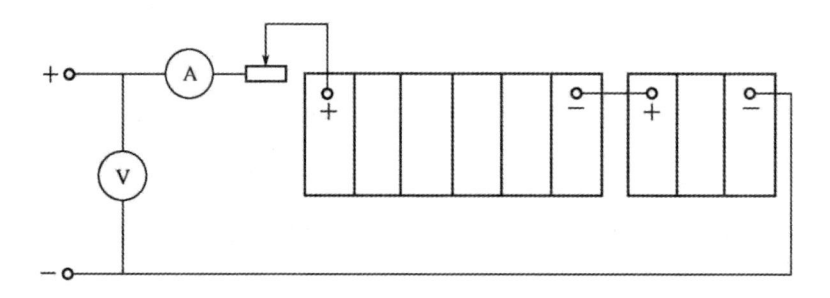

图2-4 定流充电的接线方法

定流充电时，被充蓄电池采用串联方式。为缩短充电时间，充电过程通常就分为两个阶段。第一阶段采用较大的充电电流，使蓄电池的容量迅速恢复。当蓄电池电量基本充足，单格电池电压达到2.4V，开始电解水产生气泡时，转入第二阶段，将充电电流减小一半，直到电解液密度和蓄电池端电压达到最大值且在2~3h内不再上升，蓄电池内部剧烈地冒出气泡时为止。

3. 脉冲快速充电

脉冲快速充电的优点是可大大缩短充电时间（新蓄电池充电需5h，补充充电需1h）；其缺点是对蓄电池的寿命有一定的影响，并且脉冲快速充电机结构复杂、价格昂贵，适用于电池集中、充电频繁、应急要求的场合。

（二）蓄电池的充电类型

1. 初充电

新蓄电池或修复后的蓄电池（更换极板）在使用前的首次充电为初充电。其操作步骤如下：①检查蓄电池的壳体，拧下加液孔盖。②按照不同的季节和气温选择电解液密度。将选择好的电解液从加液孔处缓慢加入蓄电池，液面要高出极板上沿15mm。③静置6~8h，让电解液充分浸渍极板（由于电解液浸入极板后液面会有所下降，应再加入电解液将液面调整到规定值）。④待电解液温度下降到30℃以下后将充电机的正极接到蓄电池的正极，充电机的负极接到蓄电池的负极，准备充电。⑤选择初充电电流大小。第一阶段的充电电流约为蓄电池容量的1/15，充电至电解液中有气泡析出，单格端电压达到2.4V。第二阶段的充电电流约为蓄电池容量的1/30。⑥开始充电。充电过程中要经常测量电解液的密度和温度。如果电解液的温度超过40℃，则应将电流减小；如果温度继续上升至45℃，则应停止充电，适当采取冷却措施以降低电解液的温度。接近终了时，如果电解液的密度不符合规定，则应用蒸馏水或相对密度为1.40g/cm³的电解液调整，调整后再充电2h。⑦充足电的标志。蓄电池电解液产生大量气泡，呈沸腾状态；蓄电池电解液的密度及单格端电压达到规定值，并连续3h不变。⑧放电。新蓄电池充足电后，应以20h放电率放电。放电的步骤是使充足电的蓄电池休息1~2h然后以20h放电率放电。放电开始后每隔2h作业人员测量一次单格电压，当单格电压下降至1.8V时,每隔20min测量一次电压,单格电压下降至1.75V时,立即停止放电。⑨进行补充充电至蓄电池充足。

2. 补充充电

蓄电池在使用过程中,若符合下列条件则应进行补充充电:①起动机运转无力、灯光比平时暗淡。②电解液密度下降至1.15g/cm³以下。③单格电池电压下降至1.75V以下。④储存未使用近一个月的蓄电池。

蓄电池补充充电操作步骤如下:①清洁从汽车上拆下的蓄电池,清除蓄电池盖上的脏污,疏通加液孔盖上的通气孔,清除极柱和导线接头上的氧化物。②检查电解液的密度和液面高度。③用高率放电计检查各单格电池的放电情况。④将蓄电池的正、负极接至充电机的正、负极。⑤选择充电规范:第一阶段的充电电流约为蓄电池额定容量的1/10;第二阶段的充电电流约为蓄电池额定容量的1/20。⑥充足电(电解液呈沸腾状态;电解液密度和蓄电池端电压达到规定值,且连续3h不变)。⑦将加液孔盖拧紧,擦净蓄电池的表面。

3. 去硫化充电

蓄电池在使用过程中可能发生极板硫化现象,内阻加大,充电时温度上升较快,蓄电池的容量降低。对于硫化较轻的蓄电池可以通过去硫化充电法将其消除。其操作步骤如下:①先倒出原有的电解液,并用蒸馏水清洗两次,然后加入蒸馏水。②接通充电电路,将电流调到初充电第一阶段的电流值进行充电,当密度上升到1.15g/cm³时,倒出电解液,换加蒸馏水再进行充电,直到电解液密度不再增加。③以10h放电率放电,当单格电压下降到1.7V时,以补充充电的电流进行充电、放电、再充电,直到容量达到额定值80%以上。

(三)蓄电池充电的注意事项

①严格遵守各种充电方法的充电规范。②在充电过程中作业人员应注意对各个单格电池电压和电解液密度的测量,及时判断其充电程度和技术状况。③在充电过程中作业人员应注意各个单格电池的温升,以防温度过高影响蓄电池的性能,必要时可用风冷或水冷的方法降温。④初充电工作应连

续进行，不可长时间间断。⑤配置和加注电解液时，作业人员要严格遵守安全操作规程和器皿的使用规则。⑥充电时作业人员应备好冷水和质量分数为10%的苏打水或质量分数为10%的氨水，用以处理溅出的电解液。⑦充电时打开电池的加液孔盖，使氢气、氧气顺利逸出，以免发生事故。⑧充电场所应装有通风设备，严禁用明火照明或取暖等。⑨充电时应先接牢蓄电池连接线，停止充电时应先切断充电电源。导线连接要可靠，严防火花的产生。

八、免维护蓄电池

（一）免维护蓄电池的结构

①正极板栅架一般采用铅钙合金或低锑合金制造，而负极板栅架均用铅钙合金制造。免维护蓄电池采用铅钙合金栅架，充电时产生的水分解量少，水分蒸发量低。②隔板大多采用超细玻璃纤维棉制作。③极板组多采用紧装结构，各单格极板组之间采用穿壁式串接方法，露在密封式壳体外面的只有正、负极柱。④壳体上部设有收集水蒸气和硫酸蒸气的集室，待蒸气冷却后变成液体通过通气孔重新流回电解液内。⑤内部设有温度补偿式密度计，以便检查电解液密度，了解存电情况。

免维护蓄电池与传统蓄电池相比，具有以下优点：①不需添加任何液体。②对接线柱头、电线腐蚀少。③抗过充电能力强。④起动电流大。⑤电量储存时间长。

（二）免维护蓄电池的使用

普通蓄电池和干荷蓄电池都有一个弱点，就是要经常检查电解液液面的高度。一旦电解液缺少就必须随时添加，否则会损坏蓄电池。电解液由硫酸和蒸馏水按一定比例配置而成，在蓄电池的使用过程中，消耗的是电解液里面的蒸馏水，而硫酸基本没有损耗，这是因为蓄电池是将电能转换为化学能储存起来，在用电过程中，又将化学能转换为电能释放出来。

免维护蓄电池就是对栅架的材料进行改进，把铅锑合金改成铅钙锡合金，并采用专门工艺制作成栅架，使电解水的能力大大降低，因此免维护蓄电池在使用过程中电解液的损耗很小，不需要经常检查蓄电池的电解液液面。从上面可以看出，免维护蓄电池只是不需要经常检查电解液液面高度，但不是免维护蓄电池被装到车上不再需要管理。其实免维护蓄电池在使用过程中还需要进行一些保养，如果保养得当，则可以大大延长其使用寿命。

免维护蓄电池电眼内置温度补偿式密度计，通过检测蓄电池电解液比重显示不同的颜色，供用户大致判断蓄电池的工作状态。绿色表示蓄电池满电，红色或黑色表示蓄电池需要充电。若发现电眼发白，则有可能是电眼中有气泡，可轻微摇晃电池将气泡赶走。若摇晃后仍然发白，则应更换该蓄电池。电眼不是判断蓄电池工作状态的唯一手段，很多车辆可以通过用电设施的亮度、汽车起动的困难程度进行判断，蓄电池正常的使用周期是2～4年。

第二节 交流发电机

一、发电机的功用

发电机是汽车的主要电源，其功用是在发动机正常运转时，向所有用电设备（起动机除外）供电，同时给蓄电池充电。目前汽车采用三相交流发电机，其内部带有二极管整流电路，将交流电整流为直流电，所以汽车交流发电机输出的是直流电。交流发电机必须配装电压调节器，电压调节器对发电机的输出电压进行控制，使其保持基本恒定，以满足汽车用电器的需求。

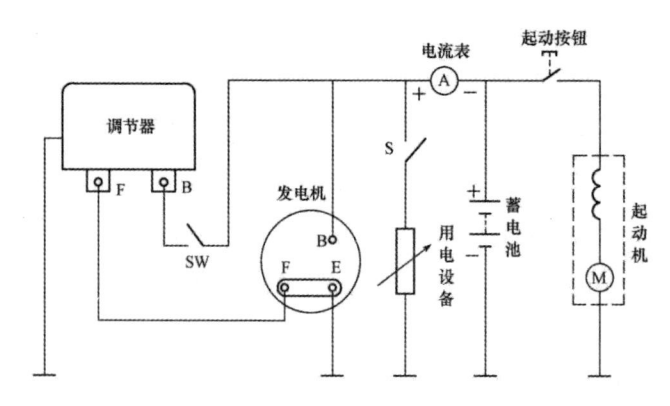

图2-5 发电机给蓄电池充电原理

二、发电机的类型

(一)按总体结构分类

①普通交流发电机,又称为"硅整流发电机",即使用时需要配装电压调节器的发电机。例如EQ140汽车使用的JF132型发电机。②整体式交流发电机(发电机和调节器被制成一个整体的发电机)。例如别克轿车的发动机上装配的CS型发电机(包括CS121、CS-130和CS-144三种不同的型号)。③带泵交流发电机安装的泵是真空泵,不是真空助力泵。④无刷交流发电机(不需要电刷的发电机),例如JFW1913。⑤永磁交流发电机,即由永磁铁制成的发电机。

(二)按整流器结构分类

①六管交流发电机,例如JF1522(东风汽车用)。②八管交流发电机,例如JFZ1542(天津夏利汽车用)。③九管交流发电机,例如日本日立、三菱、马自达汽车用发电机。④十一管交流发电机,例如JFZ1913 Z(奥迪、桑塔纳汽车用)。

(三)按磁场绕组搭铁形式分类

①内搭铁型交流发电机:磁场绕组的一端(负极)直接搭铁(和壳体相连)。②外搭铁型交流发电机:磁场绕组的一端(负极)接入调节器,通过调节器搭铁。

三、交流发电机的结构

普通交流发电机一般由转子,定子,正、负极板,电刷总成,前、后端盖,带轮,风扇等组成。

(一)转子

转子的功用是产生旋转磁场。转子由爪极、磁轭、励磁绕组、滑环、转子轴等组成。

转子轴上压装着两块爪极,爪极被加工成鸟嘴形状,爪极空腔内装有励磁绕组和磁轭。滑环由两个彼此绝缘的铜环组成,压装在转子轴上并与轴绝缘,两个滑环分别与励磁绕组的两端相连。当两滑环被通入直流电时,励磁绕组中就有电流通过，并产生轴向磁通，使爪极一块被磁化为N极，另一块被磁化为S极，从而形成6对（或8对）相互交错的磁极。转子转动就形成了旋转的磁场。

（二）定子

定子的功用是产生三相交流电。定子被安装在转子的外面，和发电机的前、后端盖固定在一起，当转子在其内部转动时，引起定子绕组中磁通的变化，定子绕组中就产生交变的感应电动势。定子由定子铁芯和定子绕组（线圈）组成。

三相绕组的连接方法可分为星形连接和三角形连接两种。①星形连接是每相绕组的末端线头相接形成公共接点，首端形成三相输出端。星形连接有低速发电性能好的优点，所以目前车用发电机多采用星形连接。②三角形连接是三相绕组的首尾线头彼此相接，就像三角形，所以被称为三角形连接。三角形连接的优点是发电机内部损失小，在高转速时能产生较大的输出电流，因而主要被用在高转速时要求有高输出功率的交流发电机上。三角形连接的缺点是低转速时输出电压较低。

（三）正、负极板

交流发电机正、负极板的作用是将发电机定子绕组产生的三相交流电变换为直流电，一般由6只硅整流二极管压入两层散热板组成，两层散热板之间绝缘。

正、负极板的工作电流大、反向耐压值高。元件板的公共连接部分为导体使用，一般采用铝材，有较好的散热效果。交流发电机正、负极板有正极管和负极管之分，引出线为正极的被称为正极管，引出线为负极的被称为负极管。

3个正极管的壳体压装在散热板的3个孔中，这3个正极管的壳体和散热板组成发电机的正极板，由固定散热板的螺栓（此螺栓与后端盖绝缘）通至壳体外，作为发电机的输出接线柱B+。3个负极管的壳体压装在另一块散热板的3个孔中，这3个负极管的壳体和散热板组成发电机的负极板，它们的壳体与发电机壳体组成发电机的负极E。正、负极板的电路连接如图2-6所示。

（a） （b）

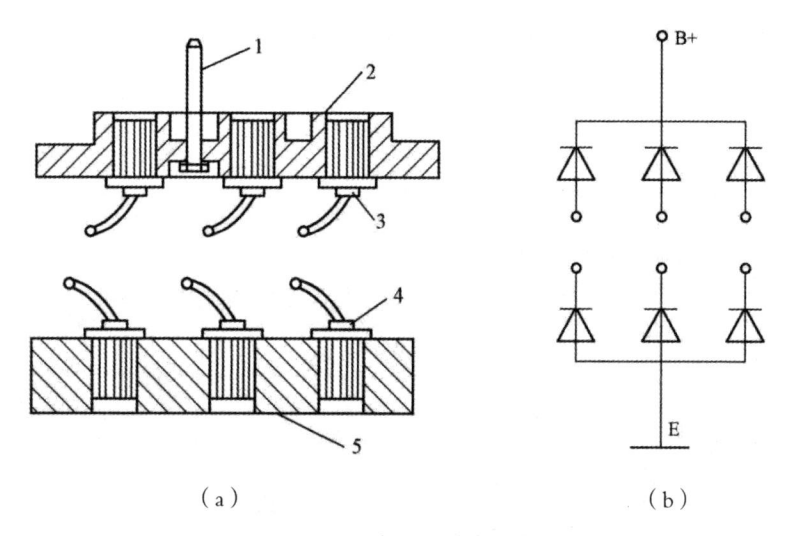

图2-6 正、负极板的电路连接

（a）实物图；（b）线路图

1：接线柱B+；2：正极板；3：正极管；4：负极管；5：负极板

（四）电刷总成

发电机电刷的作用是与发电机转子滑环形成滑动接触，将发电机转子或蓄电池提供的励磁电流传导至发电机转子绕组，形成转子磁场。两只电刷被装在电刷架的方孔内，并在其弹簧的压力作用下与转子滑环保持良好的接触。电刷的结构有外装式和内装式两种。整体式交流发电机多采用整体式电刷架。

（五）前、后端盖

发电机前、后端盖使用不导磁的铝合金制成，用以支撑转子与定子，并用固定架安装于发动机上。前端盖上有通风孔，使冷却空气通过。后端盖上安装有整流器、电刷架、输出接头及轴承等。

（六）带轮

交流发电机的带轮是发动机与发电机之间的传动构件，通常由铸铁或铝合金制成，分单槽和双槽两种，利用半圆键装在前端盖外侧的转子轴上，用弹簧垫片和螺母紧固。

（七）风扇

风扇是发电机工作时通风的构件，用以冷却发电机。一般用1.5mm的钢板冲压制成，或用铝合金铸造制成，利用半圆键装在前端盖外侧的转子轴上，紧压在带轮与前端盖之间。

四、发电机的工作原理

（一）发电机的发电原理

发电机的三相定子绕组按一定规律分布在发电机的定子槽中，彼此相差120°电角度。发电机的发电原理如图2-7所示。

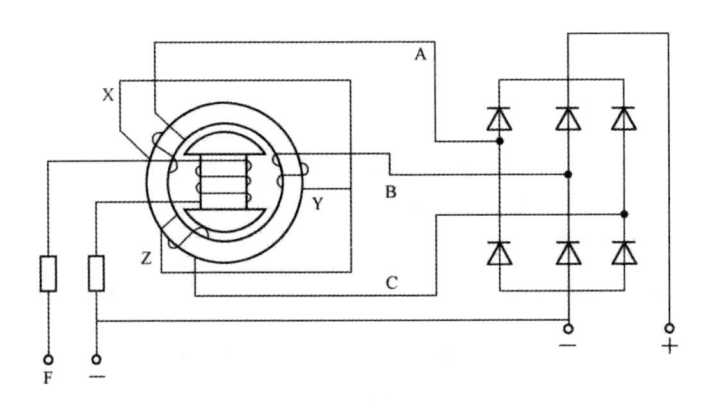

图2-7 发电机的发电原理

当励磁绕组接通直流电时即被励磁，一块爪极形成N极，另一块爪极形成S极，两块爪极相互交错形成6对磁极。转子旋转时，励磁绕组所产生的磁场随之旋转，形成旋转磁场。它与固定不动的定子绕组产生相对运动，使三相定子绕组中产生3个频率相同、幅值相等、相位相差120°电角度的正弦电动势 e_A、e_B 和 e_C，其瞬时值分别为

$$e_A = E_m \sin \omega t = \sqrt{2} E_\Phi \sin \omega t$$

$$e_B = E_m \sin(\omega t - 120°) = \sqrt{2} E_\phi \sin(\omega t - 120°)$$

$$e_C = E_m \sin(\omega t + 120°) = \sqrt{2} E_\Phi \sin(\omega t + 120°)$$

式中：E_m——相电动势的最大值；

E_Φ——相电动势的有效值；

ω——电角频率（$\omega = 2\pi f$）。

发电机每相绕组所产生的电动势的有效值（N）为：

$$E_\Phi = 4.44 K f N \Phi$$

式中：K——定子绕组系数，一般小于1；

f——感应电动势的频率（Hz），$f = Pn/60$（P 为磁极对数，n 为转速，r/min）；

N——每相绕组的匝数；

Φ——磁极的磁通（Wb）。

这表明，使用中的交流发电机，其交变电动势的有效值取决于转速和转子的磁通量，这一性质将直接决定交流发电机的输出电压值。

（二）发电机的整流原理

硅二极管具有单向导电特性。当二极管被加上正向偏置电压时，二极管处于导通状态；当二极管被加上反向偏置电压时，二极管处于截止状态。用硅二极管组成整流电路，就可以把交流电变成直流电。在交流发电机中，6只二极管组成的三相桥式全波整流电路及电压波形，如图2-8所示。

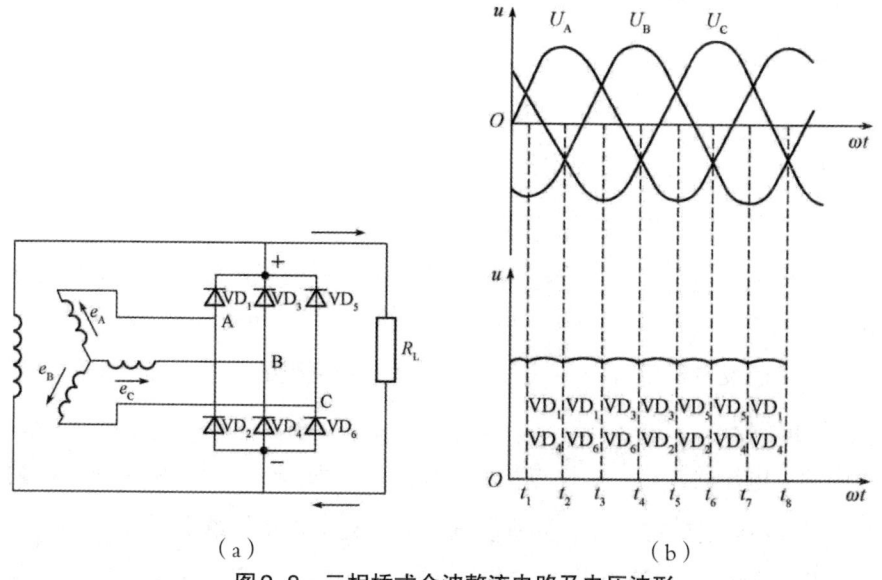

图2-8 三相桥式全波整流电路及电压波形

（a）电路；（b）电压波形

由于3个正极管（VD_1、VD_3、VD_5）的正极分别接在发电机三相绕组的首端，它们的负极同时接在正极板上，所以在某一瞬间，哪一相的电压最高，哪一相就获得正向电压而导通。由于3个负极管（VD_2、VD_4、VD_6）的负极也分别接在三相绕组的首端，而它们的正极同时接在负极板上，所以在某一瞬间，哪一相的电压最低，哪一相的负极管就导通。因此在某一瞬间同时导通的二极管只有两个（即正负极管各一个）。

当$t=0$时，C相电位最高，而B相电位最低，所对应的二极管VD_5、VD_4均处于正向导通。电流从绕组C出发，经VD_5→负载R_L→VD_4→绕组B构成回路。由于二极管的内阻很小，所以此时发电机的输出电压可被视为绕组B、C之间的线电压。

在t_1—t_2内，A相的电位最高，而B相电位最低，故VD_2、VD_3处于正向导通。同理，交流发动机的输出电压可被视为绕组A、B之间的线电压。

在t_2—t_3内，A相电位最高，而C相电位最低，故VD_1、VD_6处于正向导通。同理，交流发动机的输出电压可被视为绕组A、C之间的线电压。

以此类推，周而复始，负载就得到一个比较平缓的直流脉动电压。交流发电机输出电压的平均值为

$$U_{av} = 2.34 U_\phi$$

式中：U_{av}——输出直流电压平均值（V）；

U_ϕ——发电机相电压有效值（V）。

在三相全波整流电路中每只二极管所承受的最高反向电压为线电压的最大值。

有的交流发电机带有中心抽头，它是从三相绕组的中性点引出来的，其接线柱的记号为N。

中性点电压的作用：中性点与发电机壳体（即搭铁）之间的电压一般被用来控制各种用途的继电器，如磁场继电器、充电指示灯继电器等。

三相八管桥式整流电路、三相十一管桥式整流电路分别如图2-9、图2-10所示。

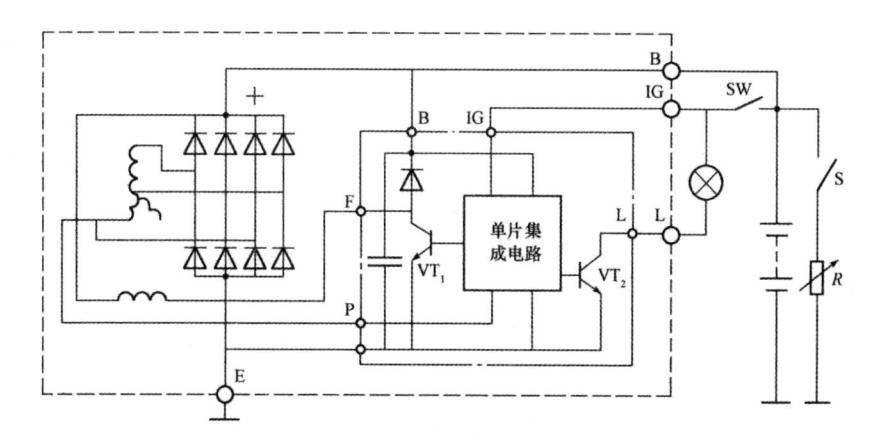

图2-9 三相八管桥式整流电路

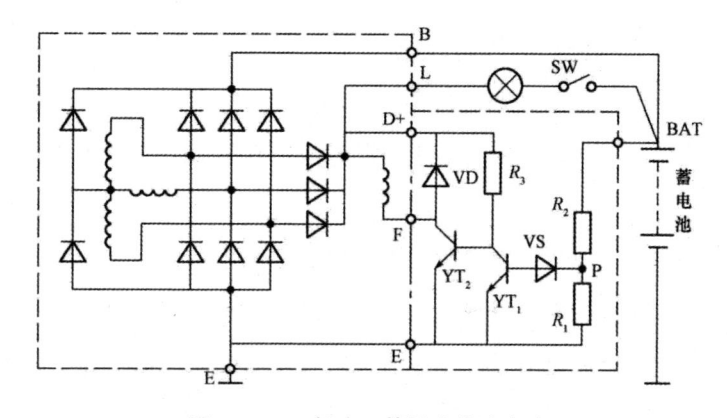

图2-10 三相十一管桥式整流电路

（三）发电机的励磁方法

将电源引入磁场绕组使之产生磁场，其被称为励磁。励磁方法分为他励和自励。

1. 他励

在发动机起动期间，蓄电池供给发电机磁场电流生磁使发电机发电，这种供给磁场电流的方式被称为他励。

2. 自励

当发电机有能力对外供电时，就可以把自身发的电供给磁场绕组生磁发电，这种供给磁场电流的方式被称为自励。

除永磁式交流发电机不需要励磁，其他形式的交流发电机都需要励磁。发电机的励磁方法是先他励、后自励。交流发电机的励磁电路如图2-11所示。

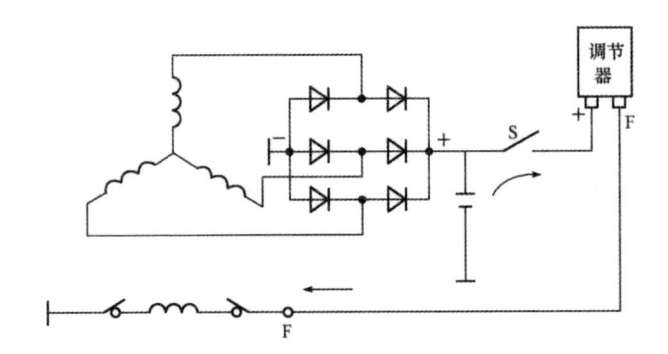

图2-11　交流发电机的励磁电路

当点火开关S接通时，蓄电池便通过调节器向发电机的励磁绕组提供励磁电流（他励），励磁电路：蓄电池正极→点火开关S→调节器→火线→接线柱→调节器→调节器的接线柱F→发电机的接线柱F→发电机励磁绕组→搭铁。

当发动机起动以后，发电机的输出电压略高于蓄电池电压时，发电机给励磁绕组提供励磁电流（自励），励磁电路：发电机正极→点火开关→调节器→火线接线柱→调节器→调节器的接线柱→发电机的接线柱→发电机励磁绕组搭铁。发电机自励发电，并给畜电池充电。

有充电指示灯的九管桥式整流交流发电机的励磁电路如图2-12所示。

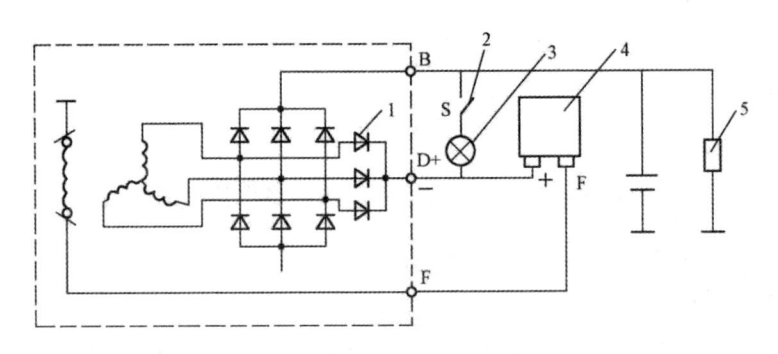

图2-12　九管桥式整流交流发电机的励磁电路
1：正极管；2：点火开关；3：充电指示灯；4：电压调节器

当点火开关S接通时，励磁电路是他励式，电流方向：蓄电池正极→点火开关S→充电指示灯→调节器→调节器的接线柱F→发电机的接线柱F→发电机励磁绕组→搭铁。这时充电指示灯亮，表示蓄电池在放电。

当发动机起动以后，发电机电压高于蓄电池电压时，D+与B两点电位相等，充电指示灯因两端电位相等而熄灭，表示发电机正常发电。

一方面，由发电机的火线接线柱B向全车供电及蓄电池充电，另一方面通过接线柱D+为发电机的励磁绕组提供励磁电流。

励磁电路：接线柱D+→调节器→调节器的接线柱F→发电机的接线柱F→发电机励磁绕组→搭铁。当发动机熄火时，充电指示灯亮，表示蓄电池在放电，提醒驾驶员关闭点火开关；当车辆运行时，充电指示灯亮，表示充电系统有故障，提醒驾驶员及时维修。

第三节　电压调节器

一、电压调节器的功用与分类

（一）发电机电压调节器的功用

发电机电压调节器的功用是使交流发电机的输出电压保持恒定。由于交流发电机的转速是由发动机通过传动带动旋转的，且发动机和交流发电机的转速比为1.7∶3，所以交流发电机转子的转速变化范围较大，这样将引起发电机的输出电压发生较大变化，无法满足汽车用电设备的工作要求，为了满足用电设备恒定电压的要求，交流发电机就必须配用发电机调节器，使其输出电压在发动机所有工况下基本保持恒定。

（二）发电机电压调节器的分类

1. 按电压调节器的工作原理分类

①触点式电压调节器。②电子式电压调节器。③集成电路电压调节器。

2. 按所匹配的交流发电机搭铁形式分类

①内搭铁型电子调节器：适配于内搭铁型交流发电机。②外搭铁型电压

调节器：适配于外搭铁型交流发电机。

二、电压调节器的工作原理

交流发电机的三相绕组产生的相电动势的有效值（V）为

$$E_\Phi = C_\Phi \Phi n$$

式中：C_Φ——发电机的结构常数；

n——转子转速；

Φ——转子磁极的磁通。

故交流发电机所产生的感应电动势与转子转速和磁极磁通成正比。

转速n是随发动机转速变化的，无法控制转速。但可以控制磁通Φ，使之随n的变化做相应的变化，来保持发电机相电动势E_Φ的不变。

$$E_\Phi（不变）= C_\Phi n \uparrow \Phi \downarrow$$
$$E_\Phi（不变）= C_\Phi n \downarrow \Phi \uparrow$$

方法：当交流发电机的转速升高时，可以通过减小发电机的励磁电流I来减小磁通Φ，使发电机相电动势E_Φ保持不变。所以，交流发电机调节器的工作原理是当交流发电机的转速升高时，调节器通过减小发电机的励磁电流I来减小磁通Φ，使发电机的输出电压U_Φ保持不变。

三、电子式电压调节器的基本原理

电子式电压调节器就是利用大功率三极管的导通和截止接通和断开励磁电路，从而改变励磁电流大小。电子式电压调节器的基本电路如图2-13所示。

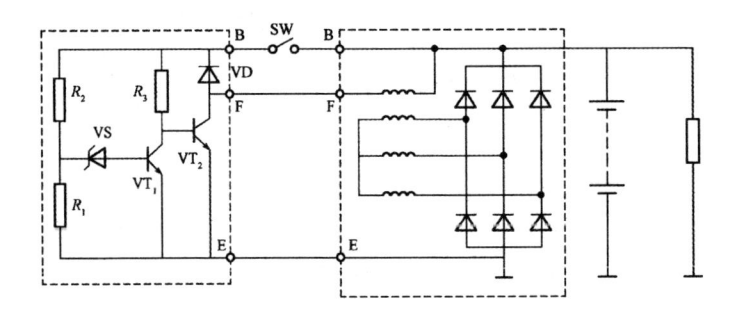

图2-13 电子式电压调节器的基本电路

JFT106型电子式电压调节器的工作原理电路如图2-14所示。

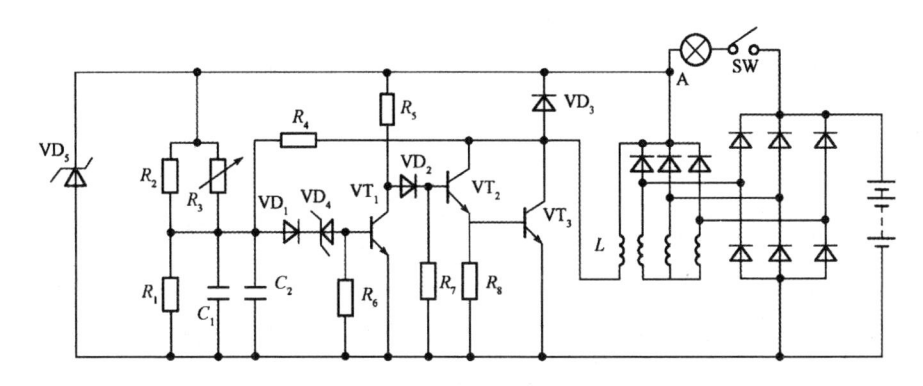

图2-14 JFT106型电子式电压调节器的工作原理电路

四、集成电路调节器

集成电路调节器也称IG调节器。IG调节器是根据使用要求，将若干元件集成到同一基片上制成一个独立的电子芯片，其所组成的调节器。IG调节器体积小，被装在发电机内部，构成整体式发电机。

集成电路调节器工作原理和晶体管调节器相同。夏利轿车IG调节器电路如图2-15所示。

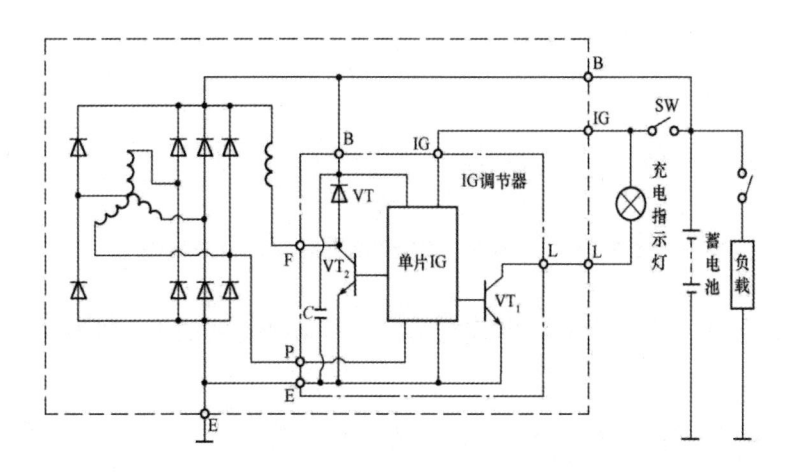

图2-15 夏利轿车IG调节器电路

五、充电指示灯的控制电路

充电指示灯（属于报警装置）被用来监测充电系统的工作情况。

当接通点火开关起动发动机时，蓄电池处于放电状态，充电指示灯亮；当发动机起动，交流发电机正常工作后，蓄电池处于充电状态，充电指示灯熄灭。因此，当发动机正常工作时，充电指示灯突然发亮，则表示充电系统有故障，应提醒驾驶员注意及时维修。

充电指示灯控制电路利用中性点电压，通过起动复合继电器控制充电指示灯。图2-16所示为EQ1092、CA1092充电指示灯控制电路。

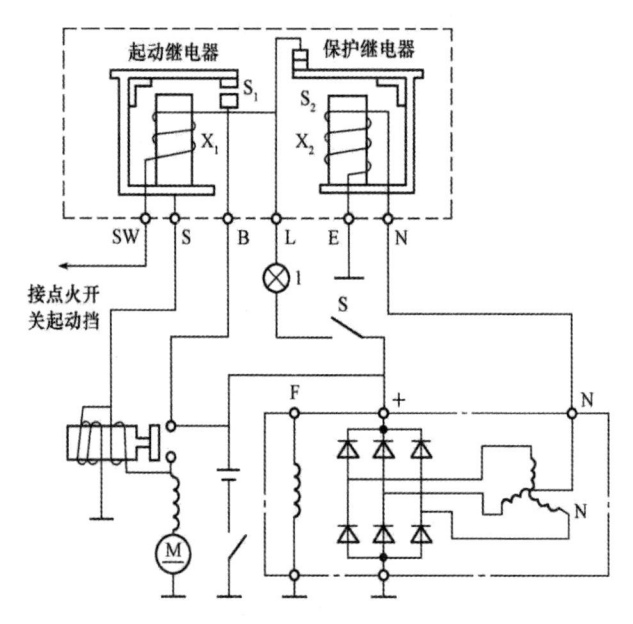

图2-16　EQ1092、CA1092 充电指示灯控制电路

沃尔沃汽车采用的二极管控制充电指示灯电路的工作原理如图2-17所示。

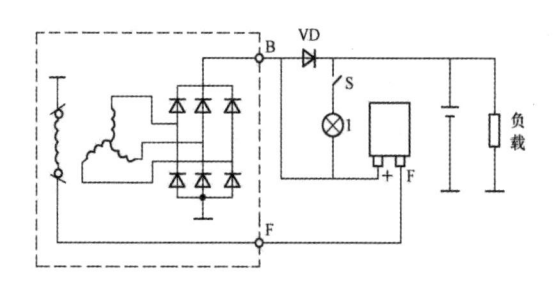

图2-17 沃尔沃汽车采用的二极管控制充电指示灯电路的工作原理

当点火开关S闭合时,励磁电路(他励):蓄电池正极→点火开关S→充电指示灯→调节器→调节器的接线柱→发电机的接线柱→发电机励磁绕组→搭铁。这时,充电指示灯亮。

当发动机起动后,发电机的输出电压高于蓄电池的电动势,二极管VD导通,同时,二极管VD将充电指示灯短路,充电指示灯熄灭,表示发电机正常工作。

蓄电池的充电电路:发电机的火线接线柱B→二极管VD→蓄电池正极。

励磁电路(自励):发电机的火线接线柱B→调节器调节器的接线柱F→发电机的接线柱→发电机励磁绕组→搭铁。

第四节　汽车电源系统故障检修

一、蓄电池的拆装规范
(一)蓄电池拆装方法

①拆装或移动蓄电池时,应轻搬轻放,严禁在地上拖拽。②蓄电池型号和车型应相符,电解液密度和高度应符合规定。③安装时,将蓄电池固定在托架上,塞好防振垫。④极柱涂上凡士林或润滑油,防腐防锈。极柱卡子与极柱要接触良好。⑤蓄电池搭铁极性必须与发电机一致,采用负极搭铁。⑥更换蓄电池时,先拆负极缆线,再拆正极缆线;安装时,先安装正极缆线,再安装负极缆线,以防金属工具搭铁造成蓄电池短路。⑦一定要将蓄电

池安装到位，用标准扭矩紧固。

（二）蓄电池拆装的注意事项

①对于电控车辆，在没有读取故障码之前请勿断开蓄电池连接线。断电之后，控制单元的故障码会自动消除，将会影响检修人员判断故障情况。所以在断电之前必须记录当前故障码。②点火开关处于接通（ON）状态时请勿断开蓄电池连接线。突然断开蓄电池连接线，会使电路中线圈产生自感电动势，从而容易损坏电脑板或传感器。③不能随意用拆除蓄电池连接线的方法清除故障码。因为汽车都是采用负极搭铁的方式，这种方式可以防止电磁干扰。在车辆维修中需要断电时只要把蓄电池负极拆下，就不易造成短路。④对于部分发动机而言，断开蓄电池连接线可以清楚当前存储的故障码，但有些发动机断开蓄电池之后，防盗和导航系统会锁死，所以不能随意断电。⑤合理的断电之后，必须做好相应的匹配。

二、发电机的就车检查

（一）充电指示灯的检查

打开点火开关无法起动发动机，这时作业人员应查看仪表充电指示灯是否点亮。如果不亮，则应检查相应电路或充电指示灯熔丝是否熔断，指示灯的灯泡是否损坏，如损坏则应更换，然后起动发动机，当发动机正常运转时充电指示灯应熄灭，否则应检查发电机。

（二）励磁电路的检查

在打开点火开关的状态下用一金属物体检查发电机转子轴有无磁性，如有则说明发电机励磁电路良好，如没有则应检查发电机励磁电路有无输入电压，如有电压，则故障在电压调节器或励磁绕组。

（三）发电机运行状态的检查

在发动机运行状态下用万用表检查发电机的输出电压，在发动机转速为 2 000 r/min 的情况下发电机的输出电压应不大于14.50V。

三、发电机解体后的检查

（一）转子的检查

1. 励磁绕组短路与断路的检查

用数字万用表的低电阻挡检测两滑环之间的电阻，阻值应符合技术标准。若阻值为"∞"则说明断路；若阻值为"0"则说明短路。一般阻值为 2.3~2.7Ω，若断路或短路则一般要求更换此绕组。

2. 励磁绕组搭铁的检查

检查转子绕组与铁芯（或转子轴）之间的绝缘情况。用数字万用表电阻挡进行测量，测量表笔一端接滑环，另一端接铁芯（或转子轴），若电阻为"0"或一定阻值，则说明有搭铁故障，正常时电阻为"∞"。

3. 滑环的检查

滑环表面应平整光滑，无明显烧损，否则可用0号砂纸打磨。两滑环间应无积聚物。滑环圆度误差不超过0.025mm，厚度不小于1.50mm。

4. 转子轴的检查

用百分表检查轴的弯曲度，弯曲度应不超过0.05mm（径向圆跳动应不超过0.1mm），否则应予以校正。爪形磁极在转子轴应固定牢靠、间距相等。

（二）定子的检查

1. 定子绕组短路与断路的检查

用数字万用表的低电阻挡检测定子绕组的3个接线端，两两接线端分别检测。正常时，阻值小于12.0Ω且相等。若阻值为"∞"，则说明断路；阻值为零，则说明短路，断路或短路一般应整体更换绕组。

2. 定子绕组搭铁的检查

用数字万用表电阻挡测定子绕组接线端与铁芯间的阻值，检查定子绕组与定子铁芯间的绝缘情况。若测量结果的电阻为"0"或一定阻值，则说明绝缘有故障，正常时电阻为"∞"。

（三）电刷组件的检查

电刷表面不得有油污，且应在电刷架中活动自如，电刷磨损不得超过原高度的1/3（标准长度为10.00mm）。一般用游标卡尺测量电刷的外露长度，标准外露长度：9.5~11.5mm；最小长度：4.5mm。电刷架应无烧损、破裂或变形。

第五节 汽车电源新技术

一、高低电压电路集成技术

汽车电源一部分是依靠高电压工作，例如汽车音频、充电插口、汽车车灯以及所有关联的电路。但是信号处理芯片的核心技术和运行过程中却不能依靠高电压而是依靠低电压，所以这对汽车的高低电压电路集成技术提出了更高的要求。现在汽车的很多集成电路可能是直接连通蓄电池的，通常使用的汽车电源系统大多是14V/12V，但是随着车载用电设备的增多，14V/12V已经无法满足车主的实际需求。目前我国城市交通拥堵问题越来越严重，在低速情况下汽车排放的有害物质是正常行驶速度下的几十倍甚至上百倍。所以可以尝试将电能作为汽车的主要动力，如果能够让电源系统在低速的状态下直接驱动电动机便可以缓解汽车在低速状态下带来的大气污染问题。此外，信号处理功能的性能强度也需要不断增大，而信号处理芯片需要采用亚微米级工艺，并在低压的环境下工作。所以汽车电源管理在标准的CMOS工艺中需要挑战完成的内容是在电源系统中集成高电压和低电压元件，比如驱动器、负载调整器、感应元件等需要在40V高压环境下工作，而嵌入式闪存、微控制器这些则属于低电压元件。为了满足实际需求将高压和低压集成从而实现低电压及高电压的元件集成技术则成为了汽车电源系统的重点。把DMOS及COMB两种工艺巧妙地结合起来，从而创造出了一种全新的集成技术，成功地解决了高低压矛盾而引发的电路短路的隐患，取这两种工艺之长能够成功满足不同元件对高低压的需求，并将高低压电路集成，同时控制、保护和故障诊断功能可以集成在电源管理控制芯片中。

二、超低电流突发模式技术

在汽车系统中还有两个依赖于电源供给运作的系统,一个是娱乐系统,另一个是防盗系统,这两个系统的工作模式都为突发模式。在突发模式下运作的系统通常都遵循几个共有原则:第一原则是在突发模式下工作的汽车系统只能在汽车电源系统处于待机状态下工作,在汽车电源正在使用的过程中不可运行;第二原则是系统的电流要畅通保持在静态电流状态下,只有在静态电流状态下才能发挥应有的性能;第三原则是电流值一定不能超过100WA。汽车行业为了提高销售量,增加市场竞争力,开始竞相在汽车中安装座椅控温调节器、直流电控制器等大功率控制器,增加了耗能。全新的低RDS(ON)功率MOSFET的通态耗能很低,因而是提高电源系统效率的关键器件,其应用包括娱乐电子系统和更佳的道路照明HID系统等。所以很多汽车行业研发了耗能较低的飞兆半导体智能芯片,来降低内部加热和冷却风扇、点火线圈及智能开关、雨刷电机、电子悬架、座椅位置调整、大灯和车窗升降等应用的耗能。还有的公司则发明了一种休眠电流,该电流也能充分满足静态和超低两种特性,成为了突发模式下的最适宜的电流。一方面让电流满足了静态和超低两种特性,另一方面让汽车处在停车这种状态时依然能让电量耗费最少。

三、高亮度LED技术

汽车车灯是汽车夜间安全行驶的重要保障,对汽车行驶的安全和车内驾驶员与乘客的生命安全起着关键性作用,其中汽车的远光灯、近光灯、转向灯是汽车灯体的主要部分。最初汽车的车灯主要使用白炽灯,比较节省能源,自从LED技术逐渐兴起后,该技术被广泛运用于汽车车灯上。LED灯与传统的白炽灯相比不仅亮度更高,使用寿命更长,而且还具备一定的防震功能,不至于在遭受长时间颠簸后就损坏。LED灯的耗能也不高,同白炽灯相差不多,但是性能却比白炽灯好很多,尤其是在灯体发出闪烁信号的时候,远处的驾驶员能够很快的接收到信息，也提高了汽车在道路上行驶安全性。

虽然LED灯具备很多优势，但是并没有被广泛地使用在汽车车灯构造上，主要原因在于LED的成本较高。由于LED灯的成本要比其他类型的灯泡要高，很多企业不愿意通过增加汽车销售价格来达到利润的平衡，因为这样便降低了市场竞争力，汽车用户自然愿意购买价格较低的产品。现在主销的LED有两种类型，一种是红光LED，一种是白光LED，因此相关行业可以将研究力量集中在耗电量较少的白光LED。争取缩减它的制造成本，并努力实现LED灯取代白炽灯占据汽车市场。

第三章 汽车常用仪表的使用

第一节 汽车电工电子常用工具及常规使用方法

一、数字万用表的特点

与指针式万用表相比，数字万用表在准确度、分辨力和测量速度等方面都有着很大的优越性，其特点如下：①读数清晰、准确，使用方便。数字万用表的测量数据可以直接显示在显示屏上，可以直接读取测量结果和单位，读数无视差。②自动化和智能化程度高。数字万用表具有各种逻辑功能、存储功能和电压基准功能等，因此，它能自动实现量程和极性的转换（当被测电压或电流的极性与表笔极性不一致时，它能自动显示负号），减少置换量程或调换表笔的麻烦。数字万用表具有自动调零功能，避免了调零的麻烦，也保证了测量值为零时读数也为零。另外，当电池电压过低时能通过显示特定的符号予以提示。③具有完善的保护电路。数字万用表本身的高输入阻抗及完善的保护电路使数字万用表具有很强的过载能力，且比指针式万用表的过载能力强很多。④输入阻抗高。数字万用表的输入阻抗很高，对被测电路的影响很小，对电路的工作状态也几乎没有影响，从而提高了测量准确度。⑤测量参数多。数字万用表除能测量电阻、电压、电流外，还能测量晶体管共发射极电流放大倍数、二极管的正向压降、电容值、频率、温度及电路通断等。

二、数字万用表的使用

在使用数字万用表前,要认真、仔细地阅读使用说明书,了解所用数字万用表的功能、特点及插孔,熟悉旋钮、各功能键、专用插口和附件等的作用。另外,还应了解显示屏各种显示符号所代表的含义,并掌握小数点位置的变化规律。

(一)数字万用表的使用注意事项

数字万用表的使用注意事项如下:①首先检查数字万用表的电池是否安装完好。②在进行测量前,应认真检查表笔及导线的绝缘是否良好,若有破损,应予以更换,以确保使用人员的安全。③在进行测量时,特别要注意表笔的位置是否插对,功能转换开关是否置于相应的挡位。特别是测量220V以上交流电压时,需要更加小心,一旦出现表笔位置不对、功能开关位置不对,便会损坏仪表。④测量时,如果无法估计被测量的大小(特别是电流、电压),那么应将量程拨至最高量限上进行测量,然后再根据情况选择适宜的量程进行检测。⑤有的数字万用表具有溢出功能,即在最高位显示数字1,表明仪表已经过载,此时应更换新的量程。⑥数字万用表虽然在电路上有较完善的保护功能,但仍要避免出现误操作,如用电阻挡测量电压、电流等。⑦多数数字万用表有读数保持功能键(HOLD),使用此键时,可将被测量读数保持下来,用于记录或读数。松开此键后,可恢复正常读数。⑧对于具有自动关机功能的数字万用表,当停止使用的时间超过15min时便会自动关机。⑨若数字万用表在进行测量时出现数字跳动现象,为了读数准确,应等显示值稳定后再读数。⑩每次使用完毕后,应关掉电源开关,以延长电池的使用寿命。

(二)数字万用表的面板

数字万用表的种类虽然很多,但面板的设置却大致相同:①开关按钮(ON/OFF):用于开机或关机。②LCD显示屏:用于显示被测量和标志符。③h_{EF}件插座:用于测量NPN、PNP型晶体管的直流放大系数。测量时,将晶体管的各极插入相应的孔位,并将量程开关置于相应的挡位。④CAP电容挡：用于测量电容，测量时将电容的两个引脚插入孔中，并根据电容器的容量大小选择相应量程。⑤DCV直流电压挡：用于测量直流电压。⑥DCA直流电流挡：用于测量直流电流。⑦ACV交流电压挡：用于测量交流电压。⑧ACA交流电流挡：用于测量交流电流。⑨量程转换开关：用于选择不同的测量内容及测量范围。⑩COM插孔：用于插入黑表笔。⑪F/V/Ω插孔：测量电压、电阻、频率时，须将红表笔插入此插孔。⑫A插孔：测量2A以下电流时，须将红表笔插入此插孔。⑬10A插孔：测量2～10A电流时，须将红表笔插入此插孔。

（三）数字万用表显示屏所显示的内容

数字万用表显示屏所显示的内容主要有项目、数字、状态和计量单位。

数字万用表的数字显示为一个动态值，随着测量内容的不同而随时在变化，其显示内容有数值、小数点、极性。被测量为正值时，极性符号不显示；被测量为负值时，极性符号为"-"。

在数字显示中，小数点的位置由量程的大小决定，其将随着量程开关的转换而改变。

（四）电阻挡的使用

1. 电阻挡的使用注意事项

①测量电阻时，不允许带电操作，即被测电路不能在通电情况下使用电阻挡进行检测，这样容易造成仪表的损坏，其测量出的结果无意义。②使用电阻挡进行检测时，两手不要同时触摸两支表笔的金属部分。尤其是测量元器件的电阻时，如果用手同时捏住两引脚，那么将会引入人体电阻，严重影响测量的准确性。③测量电阻时，如果屏幕显示1，则表明被测阻值已经超过所选用的量程，此时应更换量程，然后再进行检测。④测量电阻时，表笔插头与插孔之间应紧密接触，防止接触不良现象，以免引起误差。⑤若显示值为000，表明被测电阻已被短路，若在量程选择合适的情况下仍显示1，表明阻值为∞。

2. 电阻挡的操作方法

①测量电阻时，应将红表笔插入V/Ω插孔，将黑表笔插入COM插孔。

②将量程开关置于"Ω"的范围内并选择所需量程。③将两支表笔分别接被测元器件的两端或电路的两端。④读取数值。

（五）电压挡的使用

1. 电压挡的使用注意事项

测量电压时，无论直流还是交流，都要选择合适的量程。当无法估计被测电压的大小时，应先选择最高量程，再根据情况进行调整。①测量电压时，万用表的两支表笔应与被测电路并联。②测量较高电压时，不论直流还是交流，禁止拨动量程开关，否则将产生火花，烧坏电路及量程开关的触点。③在面板上大都标示了测量电压的最高值，直流电压挡一般为1 000V，交流电压挡一般为700V，一旦超过就有可能损坏表内电路。④在测量直流电压时，最好把红表笔接被测电压的正极，黑表笔接被测电压的负极，以减小测量误差。⑤数字万用表的测量频率一般小于500Hz，所以测量交流信号时，被测信号的电压频率最好也在此范围内，以保证测量的准确度。⑥测量较高电压时，不要用手直接去触碰表笔的金属部分，以保证测量的安全，尤其是测量几百伏以上的高压时，必须保证表笔的绝缘性良好，否则有触电的危险。⑦如果一时疏忽，用直流电压挡去测量交流电压或用交流电压挡去测量直流电压，那么数字万用表将显示000或出现数字跳跃的现象，应及时更换挡位。

2. 电压挡的操作方法

①将红表笔插入V/Ω插孔，将黑表笔插入COM插孔。②将量程开关置于DCV挡（测直流电压）或ACV挡（测交流电压）合适的量程上。③将电源开关打开。④红表笔接被测电压的"+"极，黑表笔接"-"极。⑤读取数值。

（六）电流挡的使用

1. 电流挡的使用注意事项

①测量电流时，数字万用表与被测电路串联，表笔的极性可以不考虑。②如果被测电流不小于200mA，应将红表笔插入2A、10A或20A插孔，对于大电流挡，有的万用表没有保护电路，所以测量时间应尽量缩短，不应超过15s；如果被测电流不大于200mA，应选用200mA挡进行测量。③在测量较大电流的过程中，不能拨动量程转换开关，以免损坏量程转换开关。

2. 电流挡的操作方法

①将红表笔插入A或mA插孔，黑表笔插入COM插孔。②将量程开关置于DCA挡（测直流电流）或ACA挡（测交流电流）合适的量程上。③将电源开关打开。④将被测电路的一点断开，并分别与红、黑表笔接触，使万用表串接入被测电路中。⑤读取数值。

（七）二极管挡的使用

1. 二极管挡的使用注意事项。

①使用二极管挡时，显示屏显示的值是二极管的正向压降V_F。②通常，硅二极管的正向压降为0.5~0.7V，锗二极管的正向压降为0.15~0.3V。根据这一特点，可以判断被测二极管是硅管还是锗管。③由于测试电流仅为1mA，因而二极管挡只适合测量小功率二极管，在测量大功率二极管时，读数偏低。④多数数字万用表的二极管挡与蜂鸣器挡合用一个挡位，因此，两表笔所接两测试点之间的电阻值小于发声阈值时，蜂鸣器将发出声响。⑤测量时，若正反向测试之后均显示000，则表明被测二极管已经短路。⑥测量时，若正反向测试之后均显示1，则表明被测二极管已经断路。

2. 二极管挡的操作方法

①将红表笔插入V/Ω插孔，将黑表笔插入COM插孔。②将量程开关置于二极管挡。③如果用二极管挡测量二极管，正偏时能读取被测二极管的正向压降，反偏时，显示溢出符号1。④用蜂鸣器挡检查电路通断情况时，将红、黑表笔各置于被测电路的两端即可，如果被测电路的阻值小于发声阈值，那么蜂鸣器会发出声响。

第二节 汽车专用万用表的使用

一、汽车专用万用表的特点

相比于普通万用表，汽车专用万用表有以下不同之处：

①对汽车信号的适应性不同。检测汽车电控系统的各个端口、传感器

及执行器时，要求仪表对电控系统的信号影响越小越好，否则，会造成汽车电控系统电路元件和传感器的损坏。汽车万用表具有很高的内阻、很宽的频带和很高的灵敏度。②对汽车电磁环境的适应性不同。汽车上的电磁干扰很强。例如，汽油发动机的点火、交流发电机调节器的电流断续控制等，均会产生很强的电磁辐射。汽车万用表有较强的抗电磁干扰能力。③汽车专用万用表相比于普通万用表功能更完备。汽车专用万用表的功能特点如下：液晶数字显示，读数更直观、更方便；具有记忆、识别等智能化功能；兼有信号输出测试和信号模拟显示等功能；内部扩展处理能力增强（IC卡），外部附件（打印、测试头）数量增多。

汽车专用万用表在普通万用表原有优势的基础上，充分展现了功能更加完善、性能更加可靠等特点，具有汽车专用项目的测试功能。

二、汽车专用万用表的主要用途

汽车专用万用表的主要用途如下：①测量充电电流、发电机电流、电流泄漏和电路负载等。②检测接地电压降、接头连续性、线束、电缆、继电器、灯和开关等。③检查发电机、二极管、继电器、冷凝器、点火线圈和高压线等。

三、测量直流电压

用KM300型车用万用表测量直流电压的操作步骤如下：

第一，将车用万用表选择开关旋转到直流电压（DCV）位置，此时万用表进入自动选择量程方式，能自动选择最佳测量量程；也可以按下量程（RANGE）按钮，选择手动选择量程方式，每按动量程按钮一次，即可选择更高的量程。

第二，红色测针的导线插入面板V/Q插孔，黑色测针的导线插入面板COM插孔，红、黑测针接到被测电路上。

注意：万用表的"+""-"测针应与电路测点的"+""-"极性一致。

第三，读取被测直流电压值。

四、测量直流电流

用KM300型车用万用表测量直流电流的操作步骤如下：

第一，按下直流/交流（DC/AC）按钮，选择直流挡。

第二，根据被测电流的大小，将选择开关旋转到15A、15mA或15μA位置，如果不能确定所需电流量程，那么应先从15A开始往下降。

第三，红色测针的导线插入所选定的15A或mA/μA插孔内，黑色测针的导线插入面板的COM插孔内，红、黑测针接到被测电路上，与电路串联。

第四，打开被测电路。

第五，读取被测直流电流直。

五、测量电阻

用KM300型车用万用表测量电阻的操作步骤如下：

第一，将选择开关旋转到欧姆位置上，此时万用表进入自动选择量程方式，能自动选择最佳测量量程；也可以按下量程（RANGE）按钮，选择手动选择量程方式，按动量程按钮选择适当的量程。

第二，红色测针的导线插入面板V/Ω插孔中，黑色测针的导线插入面板COM插孔中，红、黑测针接到被测电路上。

第三，读取被测电阻值。

注意：测量电阻时，测量者不应带电操作，否则易烧毁万用表。

六、测量温度

用KM300型车用万用表测量温度的操作步骤如下：

第一，将选择开关旋转到温度位置上。

第二，将万用表配备的带测针的特殊插头插接到面板黄色插孔内，测针与被测温度的部位接触。

第三，温度稳定后，读取测量值。

七、测量转速

用KM300型车用万用表测量转速的操作步骤如下：

第一，将选择开关旋转到转速（RPM或RPM×10）位置上。

第二，将感应夹的红色导线插入面板V/Ω插孔内，将黑色导线插入COM插孔内，感应夹夹在通往火花塞的高压线上，其上方的箭头指向火花塞。

第三，按下转速选择按钮，根据被测发动机的冲程数，选择4或2。

第四，读取被测发动机的转速。

第四章　汽车点火系统的变压原理

第一节　点火系统的作用及分类

一、点火系统的作用

汽车发动机的工作循环是由吸气、压缩、做功、排气四个冲程组成的。柴油发动机压缩冲程末期，气缸内压缩空气的温度已经超过柴油的燃点，从喷油嘴喷出的雾状柴油遇到热空气即可立即燃烧，因此无须设置点火装置。汽油的自燃点较高，气缸内的汽油混合气是用高压电火花点燃的。

电火花由点火系统产生，点火系统的作用就是把汽车电源系统供给的低压电（10～15V）转变成高压电（15～20kV），并按发动机的工作顺序与点火时刻的要求，适时准确地将高压电送至各缸的火花塞，使火花塞跳火，形成电火花点燃气缸内的混合气，从而使发动机正常工作。

点火系统是汽油发动机重要的组成部分，点火系统的性能良好与否对发动机的功率、油耗和排气污染等影响很大。

二、点火系统的发展与类型

点火系统作为汽油发动机必不可少的组成部分，伴随着汽车技术的发展而不断完善，并达到了很高的水平。

19世纪80年代中期，第一辆以四冲程内燃机为动力的汽车使用的是磁电机点火系统。这种点火装置依赖于自身的发电来提供电能，能满足单缸或双缸汽油发动机的点火要求，但对于运行平稳性和动力性要求更高的多缸汽油发动机则不能适应。

20世纪初,美国人首先在汽车上使用蓄电池点火装置(触点式),这种用蓄电池和发电机来提供电能的点火系统采用了点火线圈,由断电器触点的闭合和断开来控制点火线圈初级电流的通断,使次级产生高压电。这种能满足多缸发动机点火需求的点火装置一直沿用至今,但最初的蓄电池点火系统在汽车发动机运行过程中不能对点火提前角进行调节(或依赖于驾驶员手动调节)。直到1931年,美国人才首先开始使用能自动根据发动机负荷和转速来调节点火提前角的真空、离心点火提前调节装置。此后,这种触点式点火装置逐步得到完善,在汽车上得到广泛的应用,并被称为"传统点火系统"。

随着人们对汽车发动机动力性、经济性及排放控制要求的提高,传统的触点式点火系统,其触点本身所固有的缺陷日益显现出来。到20世纪60年代初期,出现了晶体管辅助点火系统。这种点火系统增加了一个电子放大器,通过增大点火线圈初级电流使点火性能得到较大的提高,但晶体管辅助点火系统保留了触点,不能完全消除由触点本身所造成的缺点。因此,在20世纪60年代末期就被无触点的电子点火系统所取代。无触点式电子点火系统较为彻底地解决了传统点火系统由触点所带来的一系列问题,因此在汽车上得到了广泛的应用。

20世纪70年代中期,美国通用公司首次将微处理器应用于点火时刻控制,此后微机控制的电子点火系统的应用日渐增多,并与汽油喷射、怠速等发动机其他电子控制系统一起进行综合控制。随着汽油发动机汽油喷射系统全面取代化油器这一趋势的发展,微机控制点火系统在汽车上的使用日益普及。

目前,汽车发动机点火系统按照其结构形式和产生高压电方式的不同,常分为传统点火系统、电子点火系统和微机控制点火系统。现代汽车普遍采用电子点火系统和微机控制点火系统。

(一)传统点火系统

传统点火系统以蓄电池和发电机为电源,借助点火线圈和断电器的作用，将电源提供的6V、12V或24V的低压直流电转变为高压电，再通过分电器分配到各缸火花塞，使火花塞两电极之间产生电火花，点燃可燃混合气体。

传统点火系统由于存在产生的高压电电压比较低、高速时工作不可靠、使用过程中需经常检查和维护等缺点，目前已被电子点火系统和微机控制点火系统所取代。

（二）电子点火系统

电子点火系统以蓄电池和发电机为电源，借助点火线圈和由半导体器件（晶体三极管）组成的点火控制器将电源提供的低压电转变为高压电，再通过分电器分配到各缸火花塞，使火花塞两电极之间产生电火花，点燃可燃混合气。

普通电子点火系统按有无断电器触点又分为有触点式电子点火系统（或晶体管辅助点火系统）和无触点式电子点火系统两种。其中，有触点式电子点火系统是电子点火系统发展的早期产品，是为了解决传统点火系统断电器触点烧蚀的问题，而采用大功率晶体管来控制电流较大的初级线圈电路的通和断，将断电器触点放在控制晶体管导通与截止的基极电路中，由于基极电路电流较小，所以触点不容易烧蚀。伴随着电子技术的发展，这种有触点式电子点火系统早已不再应用。

与传统点火系统相比，电子点火系统具有点火可靠、使用方便等优点，但随着发动机电控技术的发展，除少部分在用车使用外，近几年已经被微机控制点火系统取代。

（三）微机控制点火系统

微机控制点火系统与上述两种点火系统一样，也是以蓄电池和发电机为电源，借助点火线圈将电源的低压电转变为高压电，再由分电器将高压电分配到各缸火花塞，并由微机控制系统根据各种传感器提供的发动机工况信息发出点火控制信号，控制点火时刻，点燃可燃混合气。它还可以取消分电器，由微机控制系统直接将高压电分配给各缸。

微机控制点火系统是目前最新型的点火系统，汽油发动机采用微机控制点火系统能将点火提前角控制在最佳值，使可燃混合气燃烧后产生的温度和压力达到最大值，从而提高发动机的动力性，同时还能提高燃油经济性和减少有害气体的排放量。目前，已被广泛应用于各种类型的汽车中。

三、对点火系统的基本要求

点火系统应在发动机各种工况和使用条件下都能保证可靠而准确地点火，以保证汽油机的动力性、经济性和排放性能等处于良好状态。为此点火系统应满足以下基本要求：

（一）能产生足以击穿火花塞两电极间隙的电压

使火花塞两电极之间的间隙击穿并产生电火花所需要的电压，称为击穿电压。点火系统产生的次级电压必须高于击穿电压，才能使火花塞跳火。击穿电压的大小受很多因素影响，其中主要有：

1. 火花塞电极间隙和形状

火花塞中心电极和侧电极之间的间隙越大，所需的击穿电压就越高；电极的尖端棱角分明，所需的击穿电压就低。

2. 气缸内混合气体的压力和温度

混合气的压力越大，温度越低，击穿电压就越高。

3. 电极的温度

火花塞电极的温度越高，电极周围的气体密度越小，击穿电压就越低。

4. 发动机的工作情况

发动机工况不同时，火花塞的击穿电压将随发动机的转速、负荷、压缩比、点火提前角以及混合气浓度的不同而变化。在低速大负荷时，所需的击穿电压为8~10kV，而在起动时所需的击穿电压最高可达17kV。为了能可靠地点燃可燃混合气，点火系统提供的击穿电压除必须满足不同工况的要求外，还应有一定的宽裕度，目前大多数电控汽油机点火系统所能提供的击穿电压已超过30kV。

（二）电火花应具有足够的能量

为了使混合气可靠点燃，火花塞产生的火花应具备一定的能量。一般情况下，电火花的能量越大，混合气的着火性能越好。点燃混合气所必需的最低能量与混合气的浓度、火花塞电极间隙及电极的形状等因素有关。

发动机正常工作时，由于接近压缩终点时混合气已经具有很高的温度，因此所需的火花能量较小，一般为3~8mJ。但在混合气过浓或过稀时，发动机起动、怠速或节气门开度快速变化的非稳定工况，则需较高的火花能量。并且随着现代发动机对经济性和排气净化要求的提高，迫切需要提高火花能量。因此，为了保证可靠点火，高能电子点火系统一般应具有80~100mJ的火花能量，起动时应产生高于100mJ的火花能量。

（三）点火时刻应适应发动机的工作状况

首先，发动机的点火时刻应满足发动机工作循环的要求；其次，必须在最有利的时刻进行点火。

由于可燃混合气在气缸内从开始点火到完全燃烧需要一定的时间（千分之几秒），所以要使发动机产生最大的功率，就不应在压缩行程终了（上止点）点火，而应适当地提前一个角度。这样当活塞到达上止点时，混合气已得到充分燃烧，从而使发动机获得较大功率。点火时刻一般用点火提前角来表示，即从火花塞跳火开始到活塞到达上止点为止的一段时间内曲轴转过的角度。通常把发动机发出功率最大和油耗最小时的点火提前角称为最佳点火提前角。

实践证明，如果点火时间适当，燃烧最大压力出现在上止点后10°~15°时，发动机的输出功率最大。可以认为，所对应的点火提前角可称为最佳点火提前角。如果点火过迟，当活塞到达上止点时才点火，则混合气的燃烧主要在活塞下行过程中完成，即燃烧过程在容积增大的情况下进行，使炽热的气体与气缸壁接触的面积增大，因而转变为有效功的热量相对减少，气缸内最高燃烧压力降低，导致发动机过热，功率下降。如果点火过早，由于混合气的燃烧完全在压缩过程进行，气缸内的燃烧压力急剧升高，当活塞到达上止点之前即达最大，使活塞受到反冲，发动机做负功，不仅使发动机的功率降低，并有可能引起爆燃和运转不平稳现象，加速运动部件和轴承的损坏。较佳的点火提前角不仅能提高汽油机的动力性，降低燃油消耗率，而且也能减少汽油机有害物的生成量。

发动机在不同工况和不同使用条件下最佳点火提前角也不相同，影响最佳点火提前角的主要因素是发动机的转速和负荷。

当发动机转速一定时，随着负荷的加大（节气门开度加大），进入气缸的可燃混合气增多，压缩终了时的温度和压力增高，同时上一循环残余废气在缸内混合气中所占比例下降，因而混合气燃烧速度加快。这时，点火提前角应适当减小。反之，发动机负荷减小时，点火提前角则应加大。

当节气门开度一定时，发动机转速增高，燃烧过程所占曲轴转角增大，这时应适当增大点火提前角；否则，燃烧会延续到膨胀过程中，造成功率和经济性下降。所以，点火提前角应随转速增高而适当增大。

此外，最佳点火提前角还与所用汽油的抗爆性、混合气的浓度、发动机压缩比、发动机水温、进气压力及进气温度等因素有关。随着汽油发动机向高转速、高压缩比、大功率、低油耗和低排放的方向发展，传统的点火装置已经不适应使用要求。提高点火装置的核心部件——点火线圈的能量，已成为点火装置适应现代发动机运行的基本条件。

第二节 传统点火系统

一、传统点火系统的组成

传统点火系统是指汽车上的蓄电池或发电机向点火系统提供电能，机械触点控制点火时刻，点火时刻的调节采用机械式自动调节机构。传统点火系统结构简单、成本低，是一种应用较早的点火系统。传统点火系统工作可靠性差，点火状况受转速、触点技术状况影响较大，需要经常维修、调整。

传统点火系统主要由电源（蓄电池、发电机）、点火线圈、分电器（包括断电器、配电器、电容器和点火提前机构）、火花塞和点火开关组成，如图4-1所示。

第四章 汽车点火系统的变压原理

（一）电源

点火系统的电源为蓄电池或发电机。其作用是供给点火系统所需的低压电能。标称电压多为12V，起动时由蓄电池供电，起动后一般由发电机供电。

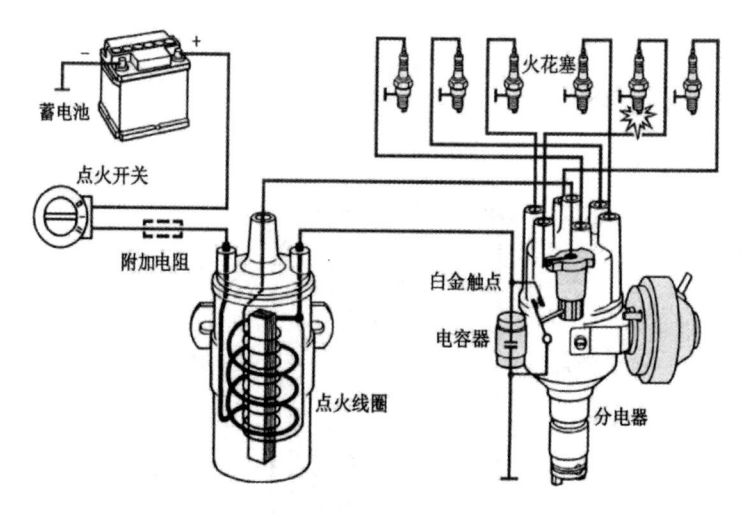

图4-1 传统点火系统的组成

（二）点火开关

点火开关的作用是控制点火系统低压电路的通断以及发动机起动、运转和熄火。

（三）点火线圈

点火线圈的作用是将电源提供的低压电转变成能击穿火花塞电极间隙的高压电。每台汽油发动机上都有点火线圈，其数量根据发动机的结构和点火控制方式而定。

点火线圈是利用电磁感应原理制成的，主要由铁芯、初级绕组、次级绕组、胶木盖、瓷座、接线柱和外壳等组成，如图4-2所示。其铁芯用0.3mm左右的硅钢片叠成，铁芯上绕有初级与次级绕组，初级绕组放于次级绕组外侧。初级绕组用较粗的漆包线，通常用0.5~1.0mm的漆包线绕200~500匝；次级绕组用较细的漆包线，通常用0.1mm左右的漆包线绕15 000~25 000匝。

点火线圈之所以能将汽车电源系统所提供的低压电转变成高电压，是由于有与普通变压器相同的形式，次级绕组与初级绕组的匝数比大。但点火线圈工作方式却与普通变压器不一样，普通变压器是连续工作的，而点火线圈则是断续工作的，它根据发动机不同的转速以不同的频率反复进行储能及放能。

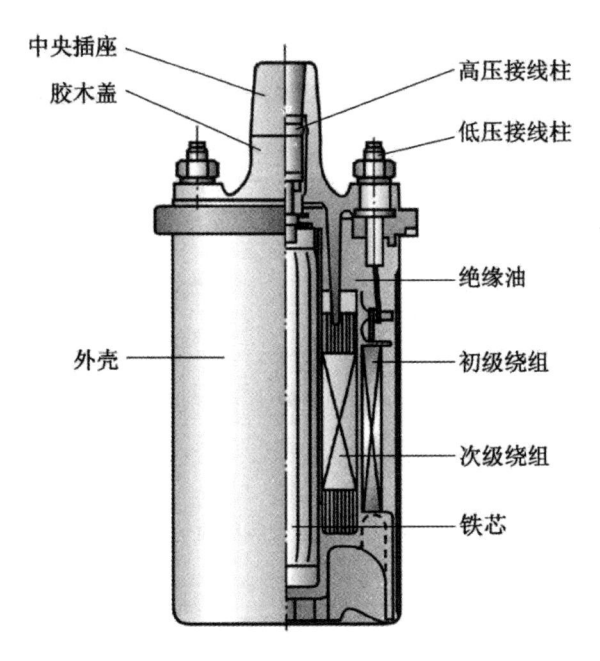

图4-2 点火线圈的结构

点火线圈依照磁路结构形式的不同分为开磁路式和闭磁路式两种，开磁路式点火线圈多用于触点式点火系统中，闭磁路式点火线圈多用于电子点火系统中。

1. 开磁路式点火线圈

点火线圈的胶木盖上装有与点火开关、分电器连接的低压接线柱。根据胶木盖上的低压接线端子数目不同，开磁路式点火线圈分为两接线柱式和三接线柱式两种，如图4-3所示。两接线柱式点火线圈的低压接线柱上别标有"+""-"标记。三接线柱式点火线圈的低压接线柱上分别标有"开关""+开关""-"标记，并在"开关"和"+开关"接线柱上接有附加电阻。胶木盖的中央是高压线插座，周围较高，电点火线圈的初级绕组两端分别接"+"（或开关）和"-"接线柱，次级绕组的一端接初级绕组，另一端接高压插座。

两接线柱式　　**三接线柱式**

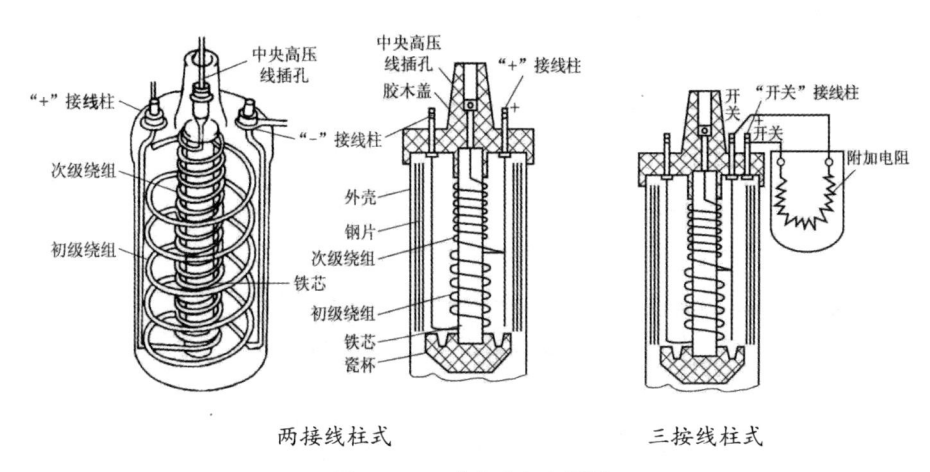

图4-3　开磁路式点火线圈

开磁路式点火线圈的特点是产生的高压电稳定，但由于磁路的上下部分都是从空气中通过，如图4-4所示，所以漏磁较多，能量损失较大，能量转换率只有60%。

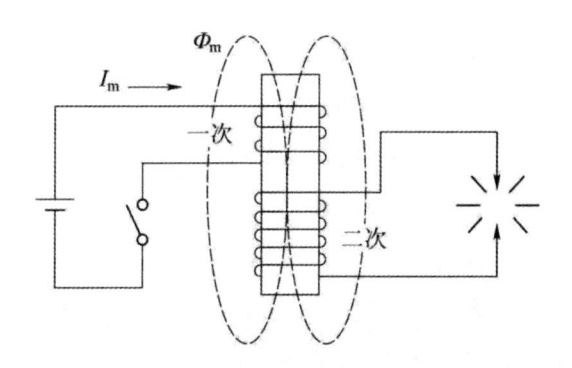

图4-4　开磁路式点火线圈的磁路

2. 闭磁路式点火线圈

闭磁路式点火线圈又叫干式点火线圈，与开磁路式点火线圈相比，其铁芯不是条形的，而是"日"字形或"口"字形。铁芯磁化后，其磁感应线经铁芯构成闭合磁路，如图4-5所示。

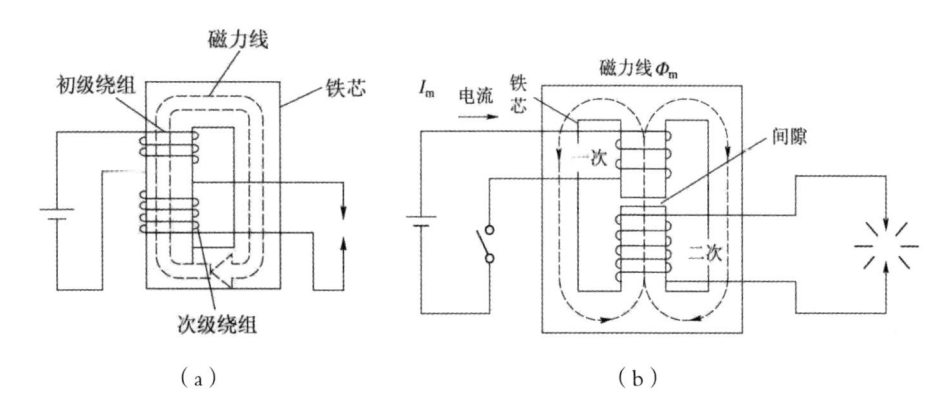

图4-5 闭磁路式点火线圈的磁路
（a)"口"字形铁芯；(b)"日"字形铁芯

与开磁路式点火线圈相比，闭磁路式点火线圈的铁芯是由"日"字形的硅钢片叠成的，绕组绕在"日"字形硅钢片中间的"一"字上，初级绕组在里边，次级绕组在初级绕组的外面，外面用环氧树脂密封，取消了金属外壳，这样易于散热。

闭磁路式点火线圈的铁芯是封闭的，磁通全部经过铁芯内部，铁芯的导磁能力约为空气的一万倍，故开磁路式点火线圈欲获得与闭磁路式点火线圈相同的磁通，则其初级线圈要有较大的磁动势（安培匝数）。目前，闭磁路式点火线圈已相当小型化，可与点火器合二为一，甚至可与火花塞连体化。

由于闭磁路式点火线圈漏磁小，磁路的磁阻小，能量损失小，所以能量转换率高达75%，因此称其为高能点火线圈。另外，由于闭磁路的铁芯导磁能力强，可在较小的磁动势下产生较强的磁场，因而能有效地减少线圈匝数，使点火线圈小型化。其体积小，可直接装在分电器上，不仅结构紧凑，还能有效降低次级电容，故在电子点火系统中广泛使用。

（四）附加电阻

附加电阻为正温度系数的热敏电阻，主要用来改善点火特性。

起动时，附加电阻被短路，提高了初级电流，增大了次级电压，改善了起动时的点火性能。正常工作时，附加电阻被串入初级电路中，根据发动机的转速自动调节初级电流，改善了点火特性。发动机低速运转时，由于断电器触点闭合时间长，初级电流大，附加电阻的温度升高，其电阻增大，从而限制了初级电流不致过大，避免点火线圈过热烧坏，减小次级电压。在发动机高速运转时，由于断电器触点闭合时间短，初级电流小，附加电阻温度下降，其阻值减小，故使初级电流下降很少，提高次级电压。

（五）分电器

分电器的作用是按气缸点火次序定时地将高压电流传至各气缸火花塞。分电器主要由断电器、配电器、电容器和点火提前装置等部分组成。分电器内部结构如图4-6所示。

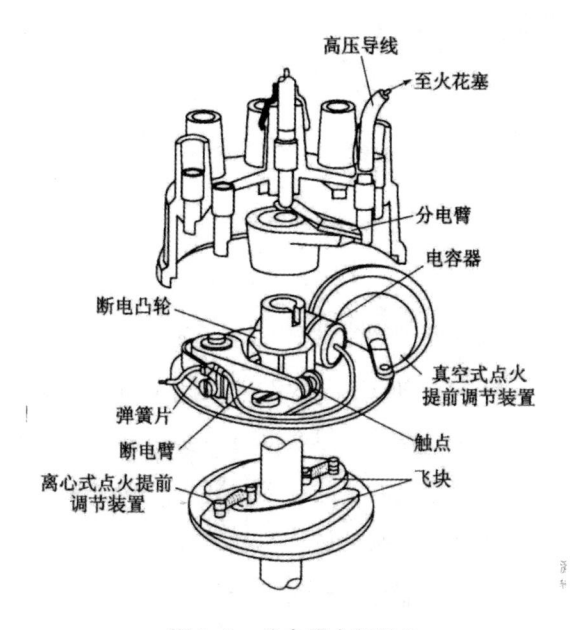

图4-6 分电器内部结构

1. 断电器

断电器的功用是周期地接通和切断点火线圈初级绕组的电路，使初级电流和点火线圈铁芯中的磁通发生变化，以便在点火线圈的次级绕组中产生高压电。

断电器由断电器凸轮、活动触点和固定触点组成，如图4-7所示。断电器凸轮由发动机凸轮轴驱动，并以同样的转速旋转，即曲轴每转两转，凸轮轴转一圈。断电器凸轮的凸棱数与发动机气缸数相同。断电器触点与点火线圈初级绕组串联。凸轮轴通过离心式点火提前调节装置与分电器轴相连。分电器轴由发动机的曲轴通过配气凸轮轴上的齿轮驱动，其转速与配气凸轮轴的转速相等，为曲轴转速的一半（四冲程发动机）。

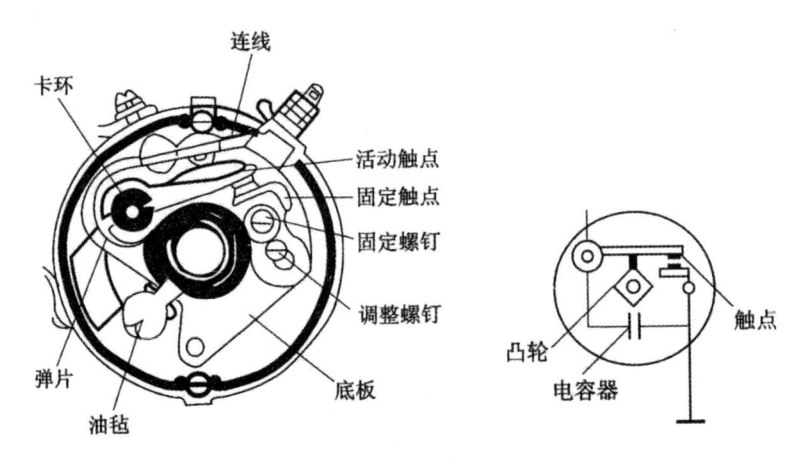

图 4-7　断电器

2. 配电器

配电器用来将点火线圈中产生的高压电，按发动机的工作次序轮流分配到各气缸的火花塞。它主要由胶木制成的分电器盖和分火头组成。分电器盖上有一个深凹的中央高压线插孔，以及数目与发动机气缸数相等的若干个深凹的分高压线插孔，各高压线插孔的内部都嵌有铜套。分火头套在凸轮轴顶端的延伸部分，此延伸部分为圆柱形，但其侧面铣切出一个平面，分火头内孔的形状与之符合，借此保证分火头与凸轮同步旋转，并使分火头与分电器盖上的旁电极保持正确的相对位置。

3. 电容器

电容器安装在分电器的壳体上，目前发动机点火系统所用的电容器一般为纸质电容器。其极片为两条狭长的金属箔带，用两条同样狭长的很薄的绝缘纸与极片交错重叠，卷成圆筒形，在浸渍蜡绝缘介质后，装入圆筒形的金属外壳中加以密封。一个极片与金属外壳在内部接触，另一个极片与引出外壳的导线连接。电容器外壳固定在分电器外壳上搭铁，使电容器与断电器触点并联。

4. 点火提前装置

为了实现点火提前，必须在压缩行程接近终了，活塞到达上止点之前便使断电器触点分开。从触点分开到活塞到达上止点这段时间越长，曲轴转过的角度越大，即点火提前角越大。因此，调节断电器触点分开的时刻，即改变触点与断电器凸轮或断电器凸轮与分电器轴之间的相对位置，便可以调节点火提前角。调节点火提前角的方法有两种，一是保持触点不动，将断电器凸轮相对于分电器轴顺着旋转方向转过一个角度，凸轮提前将触点顶开，使点火提前，凸轮相对于轴转过的角度越大，点火提前角越大；二是凸轮不动（不改变凸轮与轴的相对位置），使断电器触点相对于凸轮逆着旋转方向转过一个角度，也可使点火提前，触点相对于凸轮转过的角度越大，点火提前角越大。

（1）离心式点火提前调节装置

离心式点火提前调节装置如图4-8所示。发动机工作时，它利用改变断电器凸轮与分电器轴之间的相对位置的方法，在发动机转速变化时自动地调节点火提前角。

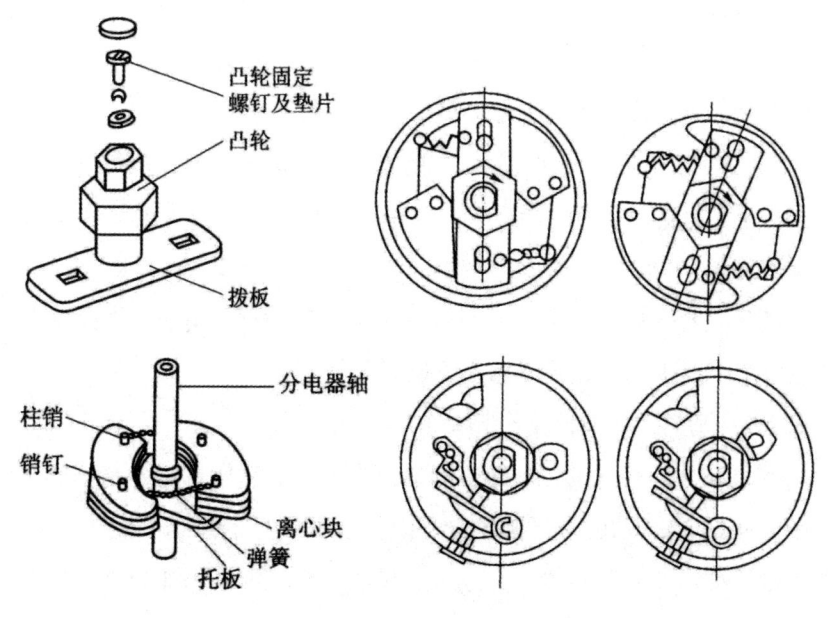

图4-8 离心式点火提前调节装置

发动机工作时，当曲轴的转速达到200～400 r/min（开始转速因车型不同而不同）后，重块的离心力克服弹簧拉力的作用向外甩开。此时，两重块上的销钉推动拨板连同凸轮顺着旋转方向相对于分电器轴转过一个角度，将触点提前顶开，点火提前角加大。随发动机转速升高，点火提前角不断加大。反之，当转速降低时，离心力减小，弹簧便拉动离心块、拨板和凸轮沿旋转相反方向退回一个角度，使点火提前角自动减小。

（2）真空式点火提前调节装置

真空式点火提前调节装置的作用是当发动机负荷发生变化时自动调整点火提前角。

在发动机工作时，它利用改变断电器触点与凸轮之间相位关系的方法，在发动机负荷（节气门开度）变化时自动调节点火提前角。当发动机小负荷运行时，节气门开度小，节气门后方的真空度大，并从小孔经真空连接管作用于调节装置的真空室，使膜片右方真空度增大，在大气压力的作用下，膜片克服弹簧张力向右拱曲，并带动拉杆向右移动。与此同时，断电器底板连同触点，相对于凸轮逆着旋转方向转过一个角度，使点火提前角加大。当发动机负荷增大时，节气门开度增大，小孔处真空度下降，膜片在弹簧力作用下向左拱曲，使点火提前角自动减小。怠速时，真空孔已位于节气门上方，真空度很小，点火提前角位于最小值。

发动机转速一定时，节气门后方的真空度只取决于节气门的开度，节气门开度越小（负荷越小），节气门后方的真空度越大，点火提前角也越大。

（六）火花塞

火花塞俗称火咀，其功用是将点火线圈的脉冲高压电引入燃烧室，并在两个电极之间产生电火花，以点燃可燃混合气。

1. 火花塞的工作条件及对其要求

火花塞在发动机上的工作条件是相当苛刻的，在发动机各种不同工作条件下必须具有足够的机、电、热性能和耐化学腐蚀的性能。具体要求如下：①受高压燃气冲击及发动机振动，故应有足够的机械强度。②受冲击性高电压作用，故应有足够的绝缘强度。③应能承受温度的剧烈变化。④火花塞的电极应采用耐腐蚀材料。⑤应有适当的电极间隙和安装位置,气密性要良好。

2. 火花塞的结构

火花塞是以一根细长的金属电极穿过一个具有绝缘功能的陶瓷材质而制成的。高压电经接线螺母、螺杆引到中心电极,中心电极与接线螺杆之间有导电密封玻璃,以防止气体泄漏;侧电极接在火花塞外壳上搭铁;陶瓷绝缘体固定于中心电极与侧电极之间,有紫铜垫圈和密封垫圈防止气体泄漏;火花塞外壳与气缸盖之间有密封垫圈防止气体泄漏。火花塞绝缘体内紫铜垫圈以下的锥形部分称为火花塞的绝缘体裙部,是吸热部分,所吸收的高温热量经与外壳接触的紫铜垫圈传递给气缸盖。

火花塞的电极一般采用耐高温、耐腐蚀的镍锰合金钢或铬锰氮、镍基合金、镍锰硅等合金制成的,也有采用镍包铜材料制成的。火花塞电极间隙多为0.6~0.7mm,电子点火其间隙可增大至1.0~1.2mm。

3. 火花塞的分类

(1)根据火花塞裙部绝缘体的长度,可以将火花塞分为冷型、普通型(中型)和热型3类。

冷型:裙部短的火花塞,其吸热面积小,传热距离短,散热容易,裙部温度低。冷型火花塞用于高压缩比、高转速、大功率的发动机中。

普通型(中型):绝缘体裙部的长度介于热型与冷型之间。

热型:绝缘体裙部长的火花塞,其受热面积大、传热距离长,散热困难,裙部温度高。热型火花塞用于低压缩比、低转速、小功率的发动机中。

(2)按火花塞的结构特征,可将火花塞分为标准型、绝缘体突出型、细电极型、锥座型、多极型和沿面跳火型。另外,还有电阻型和屏蔽型等。

标准型:其绝缘体裙部略缩入壳体端面,侧电极在壳体端面以外,是使用最广泛的一种类型。

绝缘体突出型:绝缘体裙部较长,突出于壳体端面以外。它具有吸热量大、抗污能力好等优点,且能直接受到进气的冷却而降低温度,因而不易引起炽热点火,故热适应范围宽。

细电极型:其电极很细,特点是火花强烈,点火能力好,在严寒季节也能保证发动机迅速可靠地起动，热范围较宽，能满足多种用途。

锥座型：其壳体和旋入螺纹制成锥形，因此不用垫圈即可保持良好密封，从而缩小了火花塞体积，对发动机的设计更为有利。

多极型：侧电极一般为两个或两个以上，优点是点火可靠，间隙不需要经常调整，故在电极容易烧蚀和火花塞间隙不能经常调节的一些汽油机上经常采用。

沿面跳火型：即沿面间隙型，它是一种最冷型的火花塞，其中心电极与壳体端面之间的间隙是同心的。

电阻型：电阻型火花塞是在绝缘体中心部位内藏电阻值为5 kΩ的陶瓷电阻体的火花塞。由于汽车上装载着控制发动机的电子仪器、汽车收音机、汽车电话等通信装置及多种电子产品，无电阻火花塞在使用过程中，由点火装置、交流发电机和电动机等部件产生的电磁波干扰会使设备出现误操作或混入杂音等故障，而使用电阻型火花塞可以放缓电流变化和抑制产生电磁波，把干扰限制在最小限度内，而且使用陶瓷电阻体不会对发动机的起动性能、加速性能等带来负面影响，故现在生产的汽车基本上都使用该型火花塞。

屏蔽型：屏蔽型火花塞是利用金属壳体把整个火花塞屏蔽密封起来。屏蔽型火花塞不仅可以防止无线电干扰，还可防水、防爆。

4．火花塞的规格型号与选用

（1）火花塞的规格型号。

根据21世纪初开始实施的汽车行业标准《火花塞产品型号编制方法》的规定，火花塞产品型号由以下3部分组成。

第一为部分首位单或双字母，表示火花塞结构类型及主要形式尺寸，字母的含义如表4-1所

表4-1　火花塞的结构类型与规格

代表数字	螺纹规格（mm×mm）	安装座形式	螺纹旋合长度（mm）	壳体六角对边（mm）
A	M10×1	平座	12.7	16
B	M10×1	平座	19	16
C	M12×1.25	平座	12.7	17.5

第四章 汽车点火系统的变压原理

续表

代表数字	螺纹规格（mm×mm）	安装座形式	螺纹旋合长度（mm）	壳体六角对边（mm）
CZ	M12×1.25	锥座	11.2	16
CH	M12×1.25	平座	26.5	17.5
D	M12×1.25	平座	19	17.5
DZ	M12×1.25	锥座	17.5	16
DE	M12×1.25	平座	12.7	16
DF	M12×1.25	平座	19	16
DH	M12×1.25	平座	26.5	16
DK	M12×1.25	平座	19	16
E	M14×1.25	平座	12.7	20.8
F	M14×1.25	平座	19	20.8
FH	M14×1.25	平座	26.5	20.8
G	M14×1.25	平座	9.5	20.8
GL	M14×1.25	矮型平座	9.5	20.8
H	M14×1.25	平座	11	20.8
J	M8×1	平座	19	16
K	M14×1.25	平座	19	16
KE	M14×1.25	平座	12.7	16
KH	M14×1.25	平座	26.5	16
L	M14×1.25	矮型平座	9.5	19
M	M14×1.25	矮型平座	11	19
N	M14×1.25	矮型平座	7.8	19
P	M14×1.25	锥座	11.2	16
Q	M14×1.25	锥座	17.5	16
QH	M14×1.25	锥座	25	16
R	M18×1.5	平座	12	26
RF	M18×1.5	平座	19	26
RH	M18×1.5	平座	26.5	26

续表

代表数字	螺纹规格（mm×mm）	安装座形式	螺纹旋合长度（mm）	壳体六角对边（mm）
S	M18×1.5	平座	19	20.8
SE	M18×1.5	平座	12.7	20.8
SH	M18×1.5	平座	26.5	20.8
T	M18×1.5	锥座	10.9	20.8
TF	M18×1.5	锥座	17.5	20.8
TH	M18×1.5	锥座	25	20.8
VH	M12×1.25	平座	26.5	14
W	M9×1	平座	19	16
Z	M12×1.25	平座	11	19

第二部分为阿拉伯数字，表示火花塞的热值。

第三为部分末尾若干字母和阿拉伯数字，表示火花塞派生产品结构、结构特征、材料特性及特殊技术要求，字母的含义如表4-2所示。

表4-2 火花塞产品特征及其代表字母或数字

字母或数字	代表特征	字母或数字	代表特征
R	电阻型火花塞	C	保铬复合中心电极
B	半导体型火花塞	P	钮金电极
H	环状电极火花塞	G	铱金电极
Y	沿面放电型火花塞	N	铱金电极
F	半螺纹火花塞	S	银电极
E	绝缘体突出型点火位置3mm	V	V形槽中心电极
L	绝缘体突出型点火位置4mm	U	U形槽侧电极
K	绝缘体突出型点火位置5mm	X	跳火间隙1.1mm及以上
Z	绝缘体突出型点火位置7mm	O	加强的中心电极
T	绝缘体突出型点火位置3mm以下	1	细电极
D	双侧极	2	快热结构
J	三侧极	3	瓷绝缘体涂硅胶
Q	四侧极	4	整体接线螺杆

例如，"DF7 REC2"型火花塞的含义为：螺纹旋合长度为19mm，壳体六角对边为16mm，热值代号为7，螺纹规格为M12×1.25，带电阻的镍铬复合中心电极，快热结构，绝缘体突出型点火位置3mm平座火花塞。

2. 火花塞的选用

火花塞选择的依据是发动机压缩比的高低。对高压缩比的高速发动机，燃烧气体温度高，为防止绝缘体裙部过热，应采用裙部较短的冷型火花塞；对低压缩比、长期在低速运转的发动机，为避免裙部积炭，影响点火性能，应采用裙部较长的热型火花塞。

（七）高压导线

高压导线用以连接点火线圈与分电器中心插孔以及分电器旁电极和各缸火花塞，用于传输点火线圈产生的高压。由于工作电压很高（一般在15kV以上），电流强度较小，因此高压导线的绝缘包层很厚，耐压性能好，但线芯截面积很小。汽车用高压导线有铜芯线和阻尼线两种。

二、传统点火系统的工作原理

传统点火系统电路分为低压电路和高压电路两部分。低压电路的作用是控制点火线圈初级的通断，使点火线圈内磁场突变，使点火线圈次级产生高压电。低压电路主要包括电源、点火开关、附加电阻、点火线圈初级绕组、断电器和电容器。高压电路的作用是在点火线圈初级电路被切断时互感出高压电，击穿火花塞间隙，点燃可燃混合气。高压电路主要包括点火线圈次级绕组、中心高压线、配电器、分缸高压电和火花塞。

低压电路回路（断电器触点闭合）：蓄电池正极→点火开关→点火线圈初级绕组→断电器活动触点臂→触点→分电器壳体搭铁→蓄电池负极。

高压电路回路（断电器触点断开）：点火线圈次级绕组→蓄电池→机体（搭铁）→火花塞侧电极→火花塞中心电极→高压导线→配电器→点火线圈次级绕组。

传统点火系统的工作原理：

接通点火开关，发动机开始运转。发动机运转过程中，断电器凸轮不断旋转，使断电器触点不断地开、闭。当断电器触点闭合时，蓄电池的电流从蓄电池正极出发，经点火开关、点火线圈初级绕组、断电器活动触点臂、触点、分电器壳体搭铁，流回蓄电池负极。当断电器的触点被凸轮顶开时，初级电路被切断，点火线圈初级绕组中的电流迅速下降到零，线圈周围和铁芯中的磁场也迅速衰减以至消失，因此在点火线圈的次级绕组中产生感应电压，称为次级电压，其中通过的电流称为次级电流，次级电流流过的电路称为次级电路。

触点断开后，初级电流下降的速率越高，铁芯中的磁通变化率越大，次级绕组中产生的感应电压越高，越容易击穿火花塞间隙。当点火线圈铁芯中的磁通发生变化时，不仅在次级绕组中产生高压电（互感电压），同时也在初级绕组中产生自感电压和电流。在触点分开、初级电流下降的瞬间，自感电流的方向与原初级电流的方向相同，其电压高达300V。它将击穿触点间隙，在触点间产生强烈的电火花，这不仅使触点迅速氧化、烧蚀，影响断电器正常工作，同时使初级电流的变化率下降，次级绕组中感应的电压降低，火花塞间隙中的火花变弱，以致难以点燃混合气。为了消除自感电压和电流的不利影响，在断电器触点之间并联有电容器。在触点分开瞬间，自感电流向电容器充电，可以减小触点之间的火花，加速初级电流和磁通的衰减，并提高次级电压。

第三节　普通电子点火系统

一、普通电子点火系统概述

近年来，汽车发动机向着多缸、高转速、高压缩比的方向发展，人们还力图通过改善混合气的燃烧状况，以及燃烧稀混合气，以达到减少排气污染和节约燃油的目的。这些都要求汽车的点火系统能够提供足够高的次级电压、火花能量和最佳点火时刻。

传统点火系统因白金触点会磨损、烧蚀，间隙发生改变，造成点火正时不对、感应高压电降低、不点火及排气污染、寿命短、经常需要保养调整等问题，已经不能满足现代汽油发动机汽车在动力性、经济性和排放等方面的要求。为此，从20世纪70年代后期，各国就开始积极探索改进途径，并研制了一系列电子点火系统。截至目前，汽油发动机的点火系统经历了由传统点火系统到电子点火系统，再到微机控制点火系统的发展历程。

普通电子点火系统以蓄电池和发电机为电源，利用电子元件（晶体三极管）作为开关来接通或断开点火系统的初级电路，通过点火线圈来产生高压电，用分电器将高压电分配到各缸火花塞，使火花塞两电极间产生电火花，点燃可燃混合气。

普通电子点火系统按有无断电器触点可分为有触点式电子点火系统和无触点式电子点火系统两种。

二、有触点式电子点火系统

有触点式电子点火系统是使用最早的一种电子点火装置，为了解决传统点火系统断电器触点烧蚀的问题，它将一只大功率晶体三极管串联在点火线圈的初级电路中，代替原有的触点，起到开关作用。断电器的触点串联在三极管的基极电路中，控制三极管的导通和截止，由于基极电路电流较小，所以触点不容易烧蚀。

有触点式电子点火系统按其储能方式不同，又可分为电感储能触点式和电容储能触点式两种类型。

（一）电感储能触点式电子点火系统

1. 结构特点

电感储能触点式电子点火系统的储能元件为点火线圈，主要由触点、点火控制器、点火线圈和火花塞等组成，其电路如图4-9所示。当发动机工作时，点火系统先将点火能量以磁场能的形式储存在点火线圈中，需要点火时再将部分点火能量转换为电场能量并分配到火花塞电极间隙上跳火点燃可燃混合气。由于该点火系统的结构简单、成本较低，早期在汽车上普遍采用。

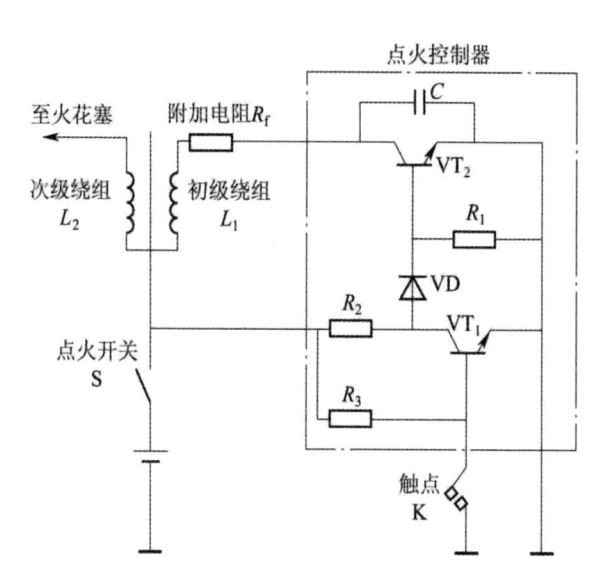

图4-9 电感储能触点式电子点火系统

2. 工作原理

接通点火开关S，当断电器触点K闭合时，因三极管VT$_1$的基极与蓄电池的负极相连，故VT$_1$截止。这时蓄电池通过R_2、VD、R_1构成回路，在R_2、R_1的分压作用下，三极管VT$_2$获得正向偏压而饱和导通，接通初级电路。其电路是：蓄电池正极→点火开关S→初级绕组附加电阻→三极管→集电极、发射极→搭铁→蓄电池负极。此时，点火线圈初级绕组储存磁场能。

当触点K打开时，蓄电池通过R_3向三极管VT$_1$提供基极电流，使VT$_1$导通，VT$_2$截止，点火线圈初级绕组中的电流中断，磁场迅速消失，于是在次级绕组中产生高压电，击穿火花塞间隙，点燃可燃混合气。

图4-8中电阻R_1、R_2是VT$_2$的偏置电阻，R_2同时又是VT$_1$的负载电阻；R_3是VT$_1$的偏置电阻；电容C用来保护VT$_2$；二极管VD用来保证VT$_1$导通时VT$_2$能可靠截止。

（二）电容储能触点式电子点火系统

1. 结构特点

电容储能触点式电子点火系统的储能元件为电容器，该点火系统与电感式的不同，它增加了直流升压器、储能电容、晶闸管和触发器等。电容储能触点式电子点火系统结构复杂、成本较高，放电持续时间较短，对发动机起动、低速点火和燃烧稀混合气极为不利，因此主要用于转速较高的赛车发动机上。

2. 工作原理

发动机工作时，点火系统先将点火能量以电场能的形式储存在专用电容器中，需要点火时储能电容再向点火线圈初级绕组放电，同时在次级绕组中感应产生高压电并加到火花塞电极上跳火点燃可燃混合气。

当点火开关闭合并且断电器触点闭合时，触发器发出指令信号，使晶闸管截止，直流升压器输出的300～500V直流高压电向储能电容器充电；当触点打开时，触发器也发出指令信号，使晶闸管导通，储能电容器向点火线圈的一次绕组放电，在二次绕组中感应出与线圈匝数比成正比的20～30kV高压电，击穿火花塞间隙，产生电火花，点燃气缸内的可燃混合气。

三、无触点式电子点火系统

无触点式电子点火系统利用传感器代替断电器触点，产生点火信号，控制点火线圈的通断和点火系统的工作，可以克服与触点相关的一切缺点，在国内外汽车上应用十分广泛。无触点式电子点火系统一般由电源、点火开关、分电器（配电器、离心式点火提前调节装置、真空式点火提前调节装置）、点火信号发生器、点火控制器（电子点火器）、点火线圈和火花塞等组成。

点火线圈初级电路断路，次级绕组便产生高压电，击穿火花塞间隙，产生电火花，点燃气缸内的可燃混合气。

由于电源、点火开关、分电器、点火线圈和火花塞的结构原理与传统点火系统相同，此处主要介绍点火信号发生器和点火控制器的结构与原理。

（一）点火信号发生器

点火信号发生器安装在分电器内，取代了传统点火系统断电器中的凸轮，用来判定活塞在气缸中所处的位置，并将非电量的活塞位置信号转变成脉冲电信号输送到点火控制器，从而保证火花塞在恰当的时刻点火。

点火信号发生器实际就是一种感知发动机工作状况，发出点火信号的传感器。它的类型很多，目前应用较多的主要有磁感应式、霍尔式和光电式3种类型。

1. 磁感应式点火信号发生器

装有磁感应式点火信号发生器的电子点火系统是由磁感应式分电器（内装磁感应式点火信号发生器）、点火控制器、专用点火线圈和火花塞等部件组成的。

磁感应式点火信号发生器安装在分电器内，其功用是产生信号电压，并输出到点火控制器，通过点火控制器来控制点火系统的工作。

磁感应式点火信号发生器主要由分电器轴带动的信号转子、永久磁铁和绕在支架上的感应线圈等组成。其信号转子上的凸齿数与发动机的气缸数相同，永久磁铁的磁通经信号转子凸齿、线圈铁芯构成回路。

磁感应式点火信号发生器的工作原理如图4-10所示，工作过程如下：

永久磁铁的磁路为：N极→空气间隙→转子→空气间隙→铁芯→S极。当发动机工作时，分电器轴带动点火信号发生器的转子旋转，使转子与铁芯之间的空气间隙发生有规律的变化，磁路的磁阻随之改变，因此穿过感应线圈的磁通量也发生变化，从而在感应线圈内感应出交变电动势。

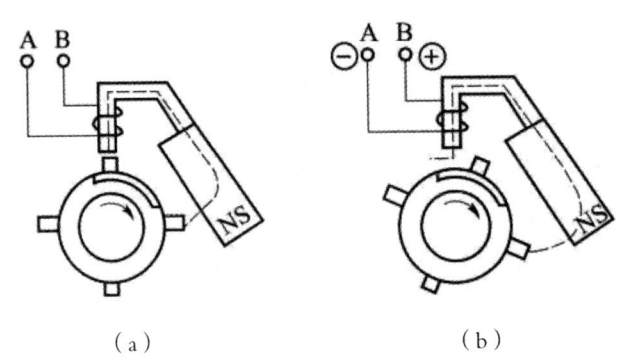

图4-10 磁感应式点火信号发生器的工作原理

（a）对正时；（b）离开时

通过感应线圈磁通的变化情况及感应电动势变化如图4-11所示。当信号转子顺时针转动时，信号转子的凸齿逐渐接近铁芯，凸齿与铁芯之间的空气隙越来越小，通过感应线圈的磁通逐渐增大，磁通变化率也逐渐增大而出现负向感应电动势；当信号转子凸齿的齿角与铁芯边缘相对时，磁通急剧增加，磁通变化率最大，负向感应电动势最大（B位置）；当信号转子凸齿的中心正对铁芯的中心线时，空气隙最小，磁通最大，但磁通变化率最小，感应电动势为0（C位置）。转子继续转动时，空气隙又逐渐增大，磁通逐渐减小，感应出正向感应电动势，当信号转子凸齿的齿角正对铁芯的边缘时，磁通急剧减小，磁通变化率正向最大，感应电动势达正向最大值（D位置）。

点火信号电压的大小会随发动机转速的变化而变化。转速升高时，磁路磁阻变化率升高，磁通量变化升高，信号电压升高，使点火的击穿电压提前到达，点火相应提前，即能实现自动调节点火提前角。

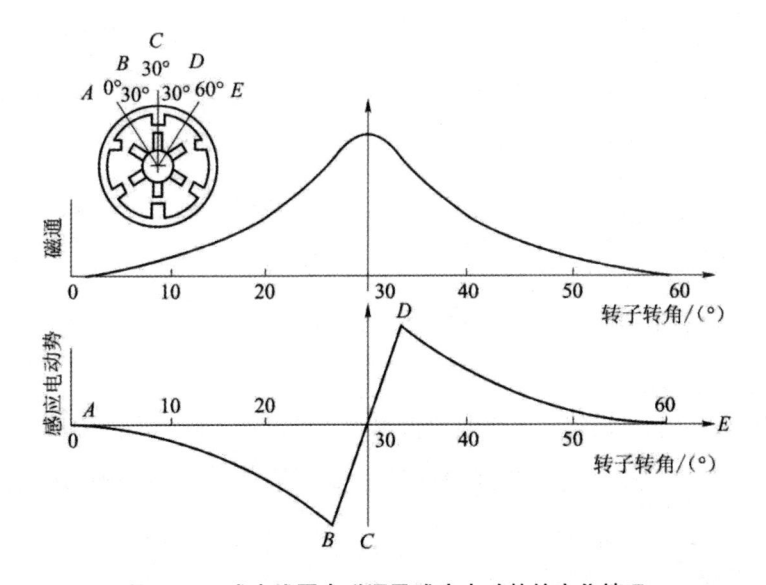

图4-11　感应线圈内磁通及感应电动势的变化情况

2. 霍尔式点火信号发生器

霍尔式电子点火系统由分电器（霍尔发生器）、信号发生器、点火控制器、高能点火线圈、高压线和火花塞等组成。

（1）霍尔效应

霍尔效应的原理如图4-12所示。

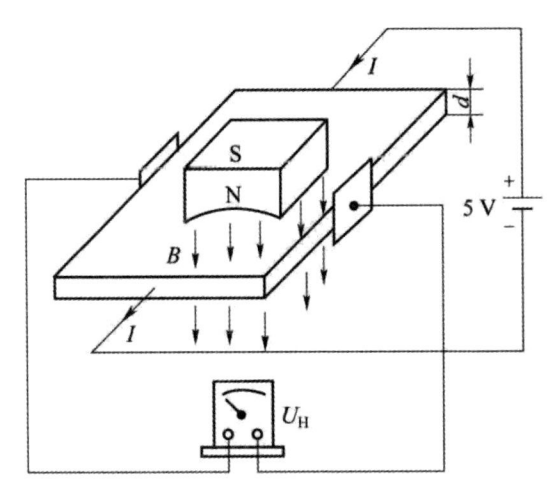

图4-12 霍尔效应原理

当电流通过放在磁场中的半导体基片（即霍尔元件），且电流方向与磁场方向垂直时，在同时垂直于电流与磁场的方向上，半导体基片内产生一个与电流大小和磁场强度成正比的电压。这个电压就称为霍尔电压U，用公式表示如下：

$$U_H = \frac{R_H}{d} = IB$$

式中，R_H为霍尔系数；d为基片厚度；I为通过基片，的电流；B为磁感应强度。

由上式可知，霍尔电压与通过霍尔元件的电流及磁感应强度成正比，当电流为定值时，霍尔电压只与磁感应强度成正比，利用这一效应制成了霍尔发生器。

（2）霍尔式点火信号发生器的结构

霍尔式点火信号发生器是根据霍尔效应原理制成的，它装在分电器内，基本结构如图4-13所示，由触发叶轮和信号触发开关等组成。

第四章　汽车点火系统的变压原理

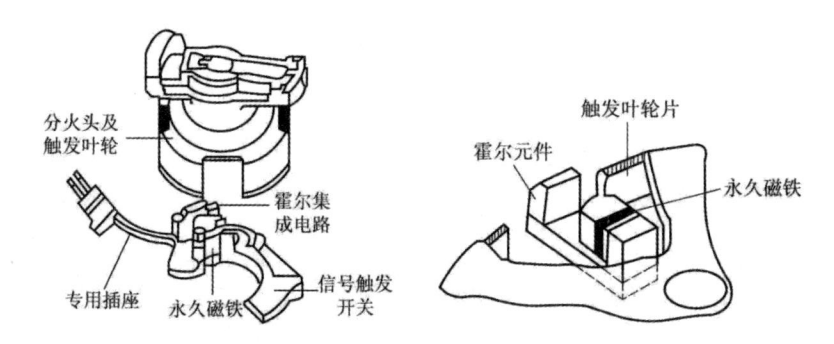

图4-13　霍尔式点火信号发生器

触发叶轮（即转子）与分火头制成一体，由分电器轴带动，其叶片数与气缸数相等。信号触发开关（即定子）由霍尔元件和带导磁板的永久磁铁组成。带导磁板的永久磁铁与霍尔元件对置安装于分电器底板上，其间留有一定的间隙，触发叶轮的叶片可在间隙中转动。

由于霍尔信号发生器工作时，霍尔元件产生的霍尔电压 U_H 是毫伏级，信号很微弱，还需要信号处理，这一任务由集成电路完成。霍尔集成电路由霍尔元件、放大电路、稳压电路、温度补偿电路、信号变换电路和输出电路等组成。霍尔元件产生的霍尔电压信号经过放大、脉冲整形，最后以整齐的矩形脉冲（方波）信号输出。

（3）霍尔式点火信号发生器的工作原理

霍尔式点火信号发生器的工作原理如图4-14所示。

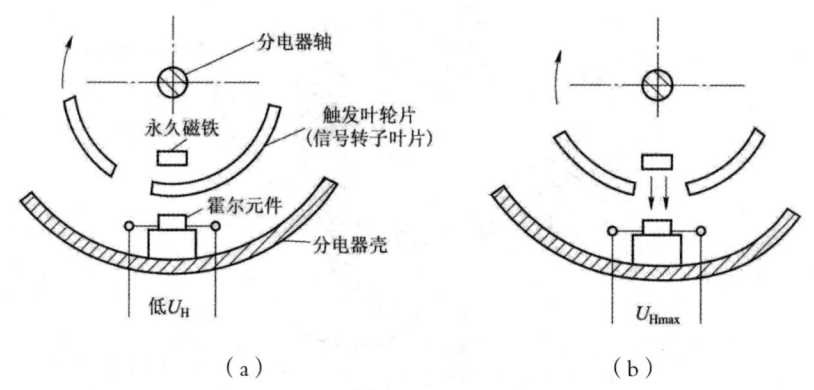

图4-14　霍尔式点火信号发生器的工作原理

（a）磁感应线被叶片旁路；（b）磁感应线通过转子缺口

发动机运转时，触发叶轮片随分电器轴转动。当叶片进入永久磁铁与霍尔元件之间的间隙时，磁力线便被触发叶轮的叶片所短路而不能通过，因此霍尔元件此时不产生霍尔电压，霍尔集成电路输出级的三极管处于截止状态，信号发生器输出的信号电压为高电平，此时点火线圈初级绕组的电流将被接通。

当叶片转离永久磁铁与霍尔元件之间的间隙时，永久磁铁的磁力线便通过导磁板穿过间隙作用于霍尔元件上，于是通电的霍尔元件便产生霍尔电压，霍尔集成电路输出级的三极管处于导通状态，信号发生器输出的信号电压为低电平，此时点火线圈的初级电流将被切断，次级绕组将感应产生高压电。

触发叶轮片不停地转动，信号传感器便输出一个矩形波信号，作为点火控制信号传给点火控制器，从而控制初级电路的通断。在霍尔式点火信号发生器输出的点火信号（波形）中，高低电平的时间比由触发叶轮的叶片分配角决定，触发叶轮的叶片数等于发动机的气缸数。

3. 光电式点火信号发生器

光电式无触点电子点火系统是采用光电式点火信号发生器产生点火信号，控制点火控制器和点火系统的工作，如图4-15所示。

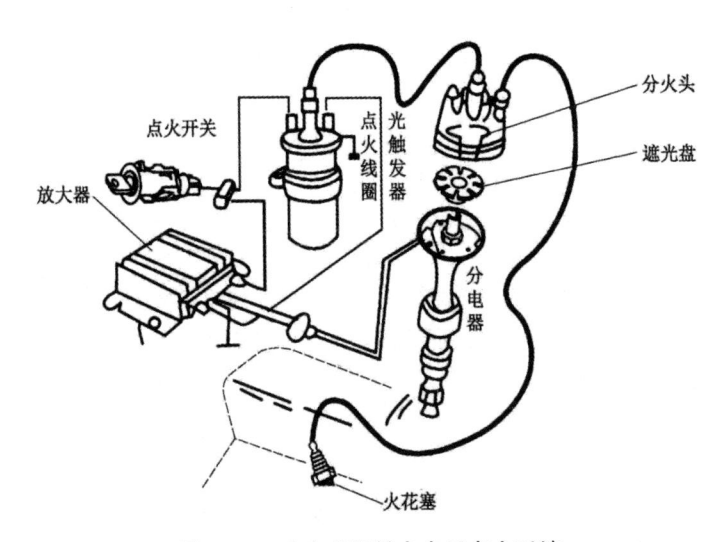

图4-15 光电式无触点电子点火系统

第四章 汽车点火系统的变压原理

光电式点火信号发生器也安装在分电器内,它由安装在分电器轴上的遮光盘(转盘)和安装在分电器底板上的光触发器组成。

遮光盘:一般用金属材料或塑料制成,其外缘开有与发动机气缸数相对应的缺口,盘的外缘伸入光源与光接收器之间。遮光盘在随转轴转动时,缺口处允许红外线光束通过,其余实体部分则能挡住光束。

光触发器:由光源和光接收器组成。光源可以是白炽灯,也可采用发光二极管。由于发光二极管比白炽灯泡耐振动,在150℃的环境温度下能连续工作,工作寿命很长,故现均采用发光二极管作光源(光源发出的光,用一只近似半球形的透镜聚焦)。光接收器可以是光敏二极管,也可采用光敏三极管,现常用光敏三极管作光接收器。它与光源相对应,并相隔一定的距离,以使光束聚焦后照射到光电元件上。光敏三极管的工作类似于普通三极管,所不同的是它们的工作电流(光敏三极管的基极电流)由光照后才能产生,因而在光敏三极管的基极不必输入电信号,也无须基极引线。

光电式点火信号发生器是利用光敏元件的光电效应原理,以红外线或可见光光束进行触发的。

当遮光盘的转动挡住发光二极管的光线时,光敏三极管截止,控制电路输出低电平;当缝隙对准发光二极管和光敏三极管时,光线照到光敏三极管上,控制电路输出高电平。发光二极管持续发光,故产生脉冲信号,经过电子控制器处理后,输出点火信号,这样就能实现对点火线圈初级电流的控制,以达到控制次级绕组高压电的产生和准确、适时地进行点火的目的。

汽车发动机各气缸点火时间的精确度取决于遮光盘的缺口在其盘上分布位置的精度。

(二)点火控制器

点火控制器(简称点火器)又称电子点火器、点火组件、点火模块。点火控制器取代了传统点火系统中断电器的触点,其作用是将点火信号发生器传来的脉冲信号经过相应的放大和其他处理后,通过控制其内部的大功率三极管的导通和截止,来控制点火线圈的初级绕组所在电路的通断,完成点火工作。

点火器按其控制点火线圈初级电流的主要元件分类，有晶体管点火器、可控硅点火器和集成电路点火器。

1. 晶体管点火器

晶体管点火器是利用与点火线圈中初级绕组相接的大功率三极管的开关特性，即利用该晶体管工作时的导通与截止来接通和切断初级电流的，这无疑起到原断电器触点的作用。

晶体管点火器主要由传感脉冲整形电路、点火线圈初级电路通电时间控制电路、稳压电路和大功率输出电路等组成。

（1）传感脉冲整形电路

无论何种形式的点火信号传感信号传感器，输出的均为交流非正弦脉冲信号，当此信号被输入晶体管点火器后，必须进行整形，即把交流非正弦脉冲信号变为矩形波信号输出，以形成数字脉冲。矩形波的宽度取决于传感器脉冲信号输出的持续时间，矩形波的高度（即脉冲整形级的输出电流值）取决于发动机的转速。

（2）点火线圈初级电路通电时间控制电路

初级电路通电时间控制级，通常是通过改变点火线圈初级绕组通电开始的时刻来改变其通电周期的。若通电周期缩短，则点火线圈次级绕组的输出电压就降低。应用这种控制特性可以改变初级绕组的通电时间，以适应汽车发动机转速变化的需要。

（3）稳压电路

由于汽车电系中充电输出和电能消耗的变化，引起供给电子点火器的电压改变，致使点火时间控制不准确，故在此设置一级稳压电路，以保证供电电压的稳定。

（4）大功率输出电路

点火线圈初级电流的控制，通常由晶体管点火器中的输出级来完成，此输出级通常由大功率晶体管或复合晶体管（如达林顿管）等组成。输出级的输入信号来自初级电路通电时间控制级，此信号控制着大功率晶体管或复合晶体管的导通与截止，而大功率晶体管或复合晶体管又控制着点火线圈初级电路的接通与切断,从而起到一个比较理想的开关作用。因为它不仅能实现开关的功能(由于晶体管本身具有放大能力),还能以大功率输出,可增大初级电路的断开电流,以提高次级电路的输出电压。

2. 可控硅点火器

可控硅点火器中的可控硅元件,作为一只能承受几百伏电压、通过大电流的电子开关使用,由它和电容器C等元件组成电容式点火电路。

可控硅点火器由脉冲整形器、触发器、逆变升压器、整流器,以及可控硅SCR、电容器C所构成。

(1)脉冲整形

此处的脉冲整形所担负的任务与晶体管点火器中的传感脉冲整形器相同,即把由发动机曲轴位置传感器所输出的交流脉冲信号变换成矩形波信号,输送给本点火器的触发级。

(2)触发

触发器给可控硅SCR的控制极G加一脉冲信号,使其在发动机某气缸需要点火时立即触发导通,继而关断,以在火花塞电极间产生强大的高压电火花,确保点火正时。

(2)逆变、升压

使电容器C的充电电压能够达到将近400V的直流电压,这就需要电压变换器,先进行逆变后进行升压。其逆变器把直流电变成交流电,再采用升压变压器,将初级绕组振荡轴处的较低交流电压转变为变压器次级输出的较高交流电压。

(4)整流

由硅整流二极管所组成的单相桥式整流电路,可把变压器次级绕阻输出的交流电整流成400V左右的直流电,从而对储能容器C进行充电,储存点火所需要的能量。

(5)电容器放电与点火

在可控硅SCR被触发导通之后,已被充电的电容器C即通过可控硅的阳极和阴极(即主电路)→搭铁(接地)→点火线圈初级绕组→电容器C的另一端进行放电，使点火线圈次级绕组中的磁通发生迅速变化而感应出高压（可达30kV），于是在火花塞电极间即可产生高能量的电火花，以对发动机进行准确而又适时的点火。

3. 集成电路点火器

集成电路点火器的构成与晶体管点火器基本相同，其输出级大多采用单只大功率晶体管或复合晶体管，以控制点火线圈初级电路的通断。不过，该电子点火器脉冲形成、通电时间控制以及稳压等环节，不是采用分立的电子元件，而是将它们结合在一起构成集成电路，不仅同样能完成所要实现的功能，还具有体积小、接线简单、工作可靠等优点。

集成电路点火器主要由点火专用集成电路芯（集成块）和一些辅助电子元件组成，内部电路为全封闭结构，底板是一铝制散热板，用两个螺钉固定在点火线圈支架上。

该点火器具有初级电流上升率控制、恒能点火（初级电流恒定为7.5A）、闭合角控制、停车断电保护、过电压保护等功能。

（1）初级电流上升率控制

发动机工作时，当触发叶轮的叶片进入空气隙时，点火信号发生器输出11～12V的高电压信号，使点火控制器集成电路中末级大功率三极管VT导通，点火器初级电路接通，电流经蓄电池"+"→点火线圈L_1→点火控制器（三极管VT）→搭铁→蓄电池"−"，形成回路。

当触发叶轮的叶片离开空气隙时，点火信号传感器输出0.3～0.4V的低电压信号，使点火器大功率三极管截止，初级电路切断，次级电路产生高压。

（2）恒能点火（限流控制）

为保证发动机在各种工况下都能稳定点火，现代汽车采用高能点火线圈，其初级绕组电阻为0.52～0.76Ω，电感为5.5～6.5mH，故初级电流增长快，电流大。如不加以控制，点火线圈和点火控制器会因过热而损坏。

当点火控制器中的采样电阻值一定时，采样电阻两端的电压值与通过点火线圈的初级电流成正比，工作中，采样电阻压降值反馈到点火集成块中的限流控制电路，使限流控制电路工作，从而保持流过点火线圈的初级电流恒

第四章 汽车点火系统的变压原理

定不变。

（3）闭合角控制

闭合角是指点火控制器的末级大功率晶体管VT导通期间，分电器轴转过的角度，亦称导通角。由于点火线圈采用了高能点火线圈，为进一步防止初级电流过大烧坏点火线圈，点火控制器必须控制末级大功率开关的导通时间，使初级电流控制在额定电流值，以保证点火系统可靠工作。

当转速变化时，闭合角控制电路在低速时使VT延迟导通，高速时使VT提前导通，从而使VT导通时间基本不变。当电源电压变化时，闭合角电路控制初级电流上升率也跟着变化，即电压高时上升快，电压低时上升慢，为保证限流时间不变，闭合角控制电路使VT导通时间随电源电压的增高而减小，反之增加。

此外，当点火线圈参数（电阻和电感）变化时，闭合角控制电路也会做出相应的反应，使闭合角做出小量的调整。

（4）停车断电保护

汽车停驶时，如果驾驶员忘记将点火开关断开，霍尔信号传感器可能（随机地）输出高电位且保持信号不变，其结果将使点火线圈初级绕组长期处于接通状态，会使点火线圈及点火控制器大功率三极管等加速损坏。为了避免这种情况的发生，在点火控制器内设立初级电路自动切断电路，一般称为停车断电保护电路。

停车断电保护电路由点火集成块、电容器和偏流电阻组成。该电路工作时，它将不停地检测霍尔信号传感器的输入信号，当输入信号为高电位时，将以一个恒定电流向电容器充电；当输入信号为低电位时，电容器放电。

如汽车停驶中忘记关断点火开关，霍尔信号传感器会较长期地输入高电位，如果输入高电位的时间大于设定的时间（一般为1~2s），由于电容器充电时间延长，充电电压会不断升高，当电容器充电电压达到某一工作电压值时，通过内部比较器使驱动级工作，驱动大功率晶体管缓慢截止，使点火线圈初级电流逐渐下降为零，从而避免了点火线圈长时间通电，保护点火线圈和点火控制器不被烧坏。缓慢切断初级电流的目的，是防止电流变化太快而在气缸内产生火花，使发动机误发动。

第四节　微机控制点火系统

一、微机控制点火系统概述

现代汽车发动机广泛采用微计算机控制点火系统（简称微机控制点火系统，ESA），其与普通电子点火系统的不同之处在于，它利用微计算机接收各传感器的输入信号，以进行点火正时、点火提前及发动机在各种运转状况时的点火时间修正，并将此点火控制信号发送给点火控制器，通过点火控制器快速、准确地控制点火线圈的工作。

（一）微机控制点火系统的组成

微机控制点火系统由传感器（曲轴位置传感器、空气流量计、节气门位置传感器等）、电子控制单元（简称ECU）和执行器（点火控制器、点火线圈、火花塞等）组成。

传感器用于监测发动机运行状况，电子控制单元用于处理信号和发出点火指令，执行器用于对点火指令做出响应。

1．传感器与各种开关信号

传感器用来检测发动机运行时在不同工况下的状况信息，并将与点火有关的信号输送给ECU，作为计算和控制点火时刻的依据。微机控制点火系统中各传感器及开关信号的功能如表4–3所示。

表4–3　微机控制点火系统各组成部件的功用

<table>
<tr><th colspan="2">组成</th><th colspan="2">功能</th></tr>
<tr><td rowspan="3">传感器</td><td>空气流量计（L、LH、M、MED型）</td><td rowspan="3">点火系统的主控制信号</td><td rowspan="2">检测进气量（负荷）信号并输送给ECU</td></tr>
<tr><td>进气歧管绝对压力传感器（D型）</td></tr>
<tr><td>曲轴位置传感器（Ne信号）</td><td>检测曲轴转角（转速）信号并输送给ECU，转速信号用于计算确定点火提前角，转角信号用于控制点火时刻</td></tr>
</table>

第四章 汽车点火系统的变压原理

续表

组成		功能
传感器	凸轮轴位置传感器（G_1、G_2信号） 点火系统的主控制信号	采集凸轮轴的位置信号并输送给ECU，以便ECU识别1缸压缩上止点，从而进行点火时刻控制和爆震控制。由于凸轮轴位置传感器能够识别是哪一缸活塞即将到达上止点，所以又称其为判缸传感器
传感器	节气门位置传感器	检测节气门开度信号并输送给ECU
传感器	冷却液温度传感器 点火提前角的修正信号	检测发动机冷却液温度信号并输送给ECU
传感器	进气温度传感器	检测进气温度信号并输送给ECU
传感器	爆震传感器	用来判断发动机是否发生爆震并将信号传给ECU，ECU通过推迟点火提前角来降低爆震，实现点火提前角的闭环控制
传感器	车速信号 点火提前角的修正信号	检测车速信号并输送给ECU
传感器	起动开关	向ECU输入发动机正在起动中的信号
传感器	空调开关A/C	向ECU输入空调的工作信号
传感器	空挡位置开关	检测P挡或N挡信号并输送给ECU
ECU	CPU、接口电路、ROM、RAM、A/D转换器等	根据各传感器输入的信号，计算出最佳点火提前角，并将点火控制信号输送给点火控制器
执行器	点火控制器、点火线圈、火花塞、配电器（有分电器的微机控制点火系统）	根据ECU输出的点火控制信号控制点火线圈初级电路的通断，产生高压电。同时，向ECU反馈点火确认信号

2. 电子控制单元

现代汽车发动机的管理系统大多采用集中控制系统，具有对燃油喷射和点火协同控制的功能，其电子控制单元既是燃油喷射系统的控制核心，也是点火控制系统的控制核心。

电子控制单元的作用是根据发动机各传感器输入的信息及内存的数据，进行对比、分析、运算、处理、判断，然后输出指令控制相关执行器的动作，达到快速、准确控制发动机工作的目的。其主要包括输入回路、输出回路、A/D转换器、微型计算机（CPU）以及电源电路、备用电路等。

在电子控制单元的只读存储器（ROM）中，除存储有监控和自检等程序之外，还存储有由台架试验测定的该型发动机在各种工况下的最佳点火提前角（脉谱图）。

随机存储器（RAM）用来存储微机工作时暂时需要存储的数据，如输入/输出数据、单片机运算得出的结果、故障代码、点火提前角修正数据等。这些数据根据需要可随时调用或被新的数据改写。CPU不断接收上述各种传感器发送来的信号，并按预先编制的程序进行计算和判断，向点火控制器发出接通与切断点火线圈初级电路的控制信号。

3. 执行器

执行器也可以称为点火组件，是控制点火的执行元件。它的作用是根据电子控制器输出的指令，通过内部大功率晶体管的导通和截止，控制一次电流的通断，使点火线圈产生高压电，之后分配给各缸火花塞，完成点火工作。

（1）点火控制器

点火控制器又称为点火模块、点火器或功率放大器，是微机控制点火系统的功率输出级，它接受ECU输出的点火控制信号并进行功率放大，以便驱动点火线圈工作。

点火控制器的电路、功能与结构根据车型的不同而不同，有的与ECU制作在同一块电路板上，有的为独立总成，并用线束与ECU相连。各种发动机的点火控制器内部结构不一样。有的只有大功率三极管，单纯起开关作用；有的除起开关作用外，还起气缸判别作用；有的不单设点火控制器，还将大功率三极管组合在ECU中，由ECU直接控制点火线圈中的初级电流通断。

（2）点火线圈

现代微机控制点火系统的点火线圈都采用闭磁路式，因为其铁芯是闭合的，磁通全部经过铁芯内部，铁芯的导磁能力约为空气的10 000倍。

（3）分电器（配电器）

有分电器的微机控制点火系统仍然保留分电器，但没有断电器和离心式点火提前调节装置。点火线圈产生的高压电仍然经过分电器中的配电器，依照发动机的点火顺序适时地将高压电分配至各缸火花塞。

（二）微机控制点火系统的基本工作原理

发动机工作过程中，各传感器不断地检测发动机的转速、负荷、冷却水温度、进气温度等信号，并将检测信号经接口电路输入ECU，ECU综合各传感器输入信息进行查找、运算、修正，将计算结果转变为控制信号，向点火控制器发出控制指令；当需要点火时，点火控制器按发动机ECU输出的点火正时信号（IGT）来控制大功率晶体管的导通和截止，控制点火线圈初级电路的通断，从而控制点火线圈初级电流的变化。

发动机工作期间，ECU还不断地检测爆震传感器输出的信号，分步骤将点火提前角减小，爆震消除后又分步骤将点火提前角移回到爆震前的状态，实现点火提前角的闭环控制。

微机控制点火系统已不再使用离心与真空式点火提前调节装置来调节点火提前角，而是在工作时，将针对发动机转速、进气量、发动机温度等发动机各种工况的最佳点火时间均储存在ECU中，依各传感器信号选择最适当的点火时间，并传送切断初级电流的信号到点火控制器，以控制点火提前角。

（三）微机控制点火系统的分类

1. 根据控制方式分类

（1）开环控制方式

开环控制方式是指计算机检测发动机各种工作状态信息，并根据这些信息，从内部存储器中查出相应的点火提前角，然后输出控制信号对点火时刻进行控制。这种控制方式对控制结果不予反馈。

（2）闭环控制方式

闭环控制方式是指计算机以一定的点火提前角控制发动机工作时，同时还不断地检测发动机的有关工作状态，然后根据检测到的反馈信号的相关信息对点火提前角进行修定，从而更理想地控制点火。

2. 根据有无分电器分类

（1）有分电器式

有分电器式微机控制点火系统也称为非直接点火系统，该点火系统仍然保留分电器，点火线圈产生的高压电是经过分电器中的配电器进行分配的。

（2）无分电器式

无分电器式微机控制点火系统也称为直接点火系统。随着电子技术的发展，无分电器式微机控制点火系统已得到广泛使用。无分电器式微机控制点火系统完全取消了传统的分电器，没有配电器，ECU发出点火信号，将点火线圈产生的高压电直接送到火花塞。

二、有分电器式微机控制点火系统

（一）有分电器式微机控制点火系统的组成

有分电器式微机控制点火系统主要由各种传感器、ECU、点火控制器（点火器）、点火线圈、分电器（配电器）、火花塞和高压线等组成。

微机控制点火系统的分电器与传统的分电器相比，取消了断电器、离心式点火提前调节装置等部件，不再承担点火线圈初级线圈电路的通断控制任务，由于其系统只有一个点火线圈，因此需装配分电器（配电器），用来对点火线圈产生的高压电进行分配。大多数情况下，这种分电器都内装凸轮轴位置传感器，为ECU提供凸轮轴位置和上止点信号。有的车型甚至将点火线圈和点火控制器全都集成在一个分电器内。

（二）有分电器式微机控制点火系统的工作原理

各传感器用于给ECU提供各种信号，这些信号主要用于点火提前角及初级线圈通电时间控制，ECU则根据这些传感器信号进行分析、运算得出一个最佳的控制信号（最佳点火提前角），并去驱动大功率三极管。当三极管导通时，线圈通电储能；当三极管截止时，次级线圈产生高压电输送给分电器的配电器，配电器按照发动机的点火顺序，依次将高压电输送给各缸高压分线，高压分线再传给火花塞，火花塞跳火，点燃气缸内的可燃混合气。

工作时，ECU发出控制信号（点火正时信号IGT）至点火控制器，当IGT

信号为低电位时，大功率三极管截止，点火线圈初级线圈电路切断，次级线圈产生高压电。同时触发点火确认反馈信号IGF发生电路，并输出反馈信号IGF给ECU。

点火正时信号（IGT信号）为高电平时，初级电路导通；该信号为低电平时，初级电路被切断，点火线圈产生高压电点火。

工作中，点火控制器还会根据点火线圈初级电路的感应电动势向ECU反馈点火确认信号（IGF信号），以表明点火系统工作正常。如果发动机ECU连续6次或8次接收不到该点汽火确认信号，就会判定点火系统存在故障，其内部会储存相应的故障代码，同时，为了避免燃油冲刷气缸的润滑油膜，还会指令喷油器停止工作（失效保护功能）。

点火确认信号（IGF信号）的产生方法是，ECU向点火控制器发送一个5V左右的信号系参考电压，每点一次火，点火控制器就将该信号参考电压接搭铁一次，使其电平变零一次，统ECU则根据该零电平来判定点火状态。

（三）有分电器式微机控制点火系统的缺点

有分电器配电方式尽管工作效率较高，但它存在以下缺点：①分火头与分电器盖旁电极之间必须保留一定间隙才能进行高压电分配，这一间隙的存在必定会损失一部分火花能量，同时也是汽车上一个主要的无线电干扰源。为了抑制无线电的干扰信号，高压线采用了高阻抗电缆，也要消耗一部分能量。②分火头、分电器盖或高压线在使用中可能会漏电，漏电时会导致高压电火花减弱、缺火或断火而使发动机工作不良或熄火。③曲轴位置传感器转子由分电器轴驱动，旋转机构的机械磨损会影响点火时刻的控制精度。④分电器安装的位置和占据的空间，会给发动机的结构布置和汽车的外形设计造成一定的困难。

三、无分电器式微机控制点火系统

目前，越来越多的汽车上开始采用无分电器式点火系统。无分电器式微机控制点火系统也称为直接点火系统，它取消了分电器、高压线和分火头等装置，降低了高压电传送的耗损，无须做点火正时调整，电波干扰更少，提高了点火时间的精确度。

无分电器式微机控制点火系统又分两种控制方式，一种方式是每两缸共用一个点火线圈，双缸同时点火，但是只有一缸做功的点火系统；另外一种方式是每缸一个点火线圈，各缸独立进行控制。

（一）双缸同时点火的微机控制点火系统

双缸同时点火是指点火线圈每产生一次高压电，都使两个气缸的火花塞同时跳火。次级绕组产生的高压电将直接加在两个气缸的火花塞电极上使其跳火，例如四缸发动机的1、4缸或2、3缸，六缸发动机的1、6缸，2、5缸或3、4缸。

双缸同时点火时，一个气缸处于压缩行程终了，是有效点火；另一个气缸处于排气行程终了，缸内温度较高而压力很低，火花塞电极间隙的击穿电压很低，对有效点火气缸火花塞的击穿电压和火花放电能量影响很小，是无效点火。曲轴旋转一周后，两缸所处行程恰好相反。

双缸同时点火时，高压电的分配方式又分为点火线圈分配和二极管分配两种。

1. 点火线圈分配高压电式

点火线圈组件由两个（四缸发动机）或3个（六缸发动机）独立的点火线圈组成，每个点火线圈供给成对的两个火花塞工作，如图4-16所示。

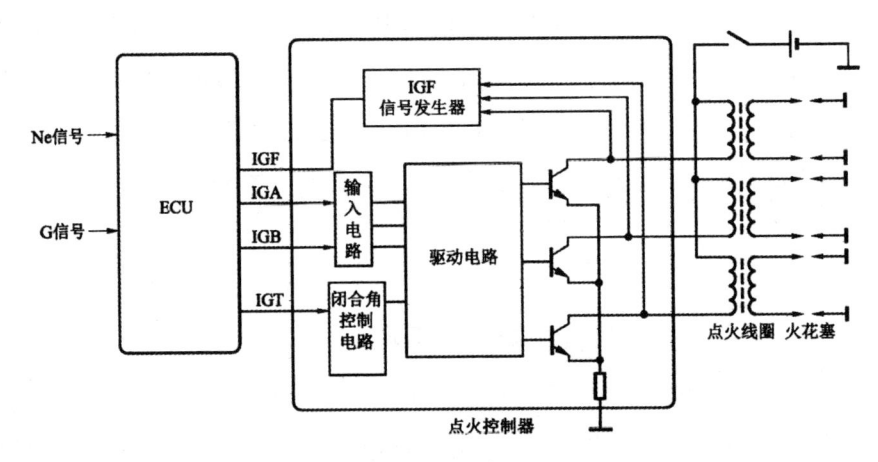

图4-16 点火线圈分配高压电的双缸点火控制方式

点火控制器中设有与点火线圈数量相等的功率三极管，分别控制每个点火线圈工作。点火控制器根据ECU输出的点火控制信号，按点火顺序轮流触发功率三极管导通与截止，从而控制每个点火线圈轮流产生高压电，再通过高压线直接输送到成对的两缸火花塞电极间隙上跳火点燃可燃混合气。

2. 二极管分配高压电式

二极管分配式无分电器点火系统是将来自点火线圈的高压电直接分配给火花塞。其点火线圈的初级线圈有一个中心接头，将初级线圈分为上下两个部分，中心接头通电源电路，另外两个接头分别接点火器的功率三极管；次级线圈的两端分别有两个高压输出端，共形成4个高压输出端，通过4根高压线与4个气缸的火花塞相连，每个高压电路中各串联一个高压二极管。

其工作原理是，当ECU接收到曲轴位置传感器相应信号时，向点火控制器发出点火信号，点火控制器的控制回路使VT_1截止，初级绕组中的电流被切断，在次级线圈中感应出高压电，经4缸和1缸火花塞构成回路，两个火花塞均跳火，此时1缸接近压缩终了，混合气被点燃，而4缸正在排气，火花塞虽跳火但不起作用。曲轴转过180°后，ECU接收到传感器信号后再次向点火控制器发出触发信号，VT_2截止，图4-17中上部初级绕组中的电流被切断，次级线圈感应出高压电，并经2缸和3缸火花塞构成回路，同时跳火，此时3缸点火做功，2缸火花塞点空火。以此类推，发动机曲轴转两圈，各缸做功1次。

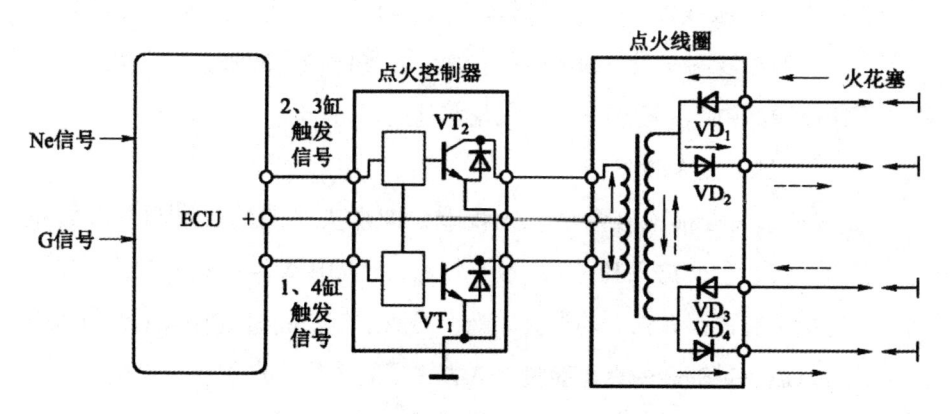

图4-17 二极管分配高压电的双缸点火控制方式

（二）单缸独立点火的微机控制点火系统

1. 结构特点

单缸独立点火即每缸的火花塞配备一个点火线圈，单独直接地对每个气缸点火，其位置一般在火花塞的顶部，所产生的高压电直接送给火花塞，因而取消了高压线，能量损失小，效率高，电磁干扰少，避免了高压线方面的故障，点火系统的可靠性也得到提高，而且结构紧凑，安装方便。因此，在现代汽车发动机上的应用日益广泛。

单缸独立点火系统的点火线圈有多种形式，但都只有一个高压接口，并各自独立地安装在火花塞上方。在某些车型上，点火线圈还与点火器制成一体，形成点火器-点火线圈组件。

2. 控制方式与原理

在点火控制器中，设置有与点火线圈相同数目的大功率三极管，分别控制每个线圈次级绕组电流的接通与切断，其工作原理与双缸同时点火方式相同。

单缸独立点火的微机控制点火系统的控制方式如图4-16所示，ECU根据传感器的信号，通过内部存储的程序计算出各缸最佳点火时刻，通过通往各缸的控制信号去控制大功率三极管的通断，从而控制各缸火花塞的跳火。

单缸独立点火的微机控制点火系统，其供电由EFI主继电器提供，受点火开关控制，当点火开关置于"ON"挡时来自蓄电池的供电分别输送到各缸点火线圈的初级线圈，该线圈通过点火器中的大功率三极管控制搭铁，当三极管导通时线圈充磁，即将电能转变为磁场能储存起来；当三极管截止时，在次级线圈中产生高压电，使火花塞跳火。

3. 单缸独立点火的特点

①每一个气缸都配有一个点火线圈，即点火线圈的数量与气缸数相等，且直接安装在火花塞上方（一般是将点火线圈压装在火花塞上，体积小巧）。②由于每缸都有独立的点火线圈，线圈有较长的通电时间（大的闭合角），可以提供足够高的点火能量。③省去了高压线，点火能量损耗进一步减少。④在相同的转速和相同的点火能量下，单位时间内点火线圈的电流要

小得多，线圈不易发热。⑤所有高压部件都可安装在气缸盖上的金属屏蔽罩内，点火系统对无线电的干扰可大幅度降低。

四、点火时间控制

（一）点火提前角的控制

发动机工况不同，需要的最佳点火提前角也不相同。怠速时的最佳点火提前角是为了使怠速运转平稳、降低有害气体排放量和减少燃油消耗量；部分负荷时的最佳点火提前角是为了减少燃油消耗量和有害气体排放量，提高经济性和排放性能；大负荷时的最佳点火提前角是为了增大输出转矩，提高动力性能。电子控制单元将各种工况下的最佳点火时刻储存在ECU中，即点火控制脉谱图。

点火提前角的控制方法：ECU根据汽油发动机的各种工况信号对点火时刻进行控制。首先根据发动机的转速和进气量从存储器所存的数据中找到相应的基本点火提前角，然后根据有关传感器信号值加以修正，得出实际的点火提前角。

实际点火提前角由初始点火提前角、基本点火提前角和修正点火提前角3部分组成。初始点火提前角由发动机的结构及曲轴位置传感器的安装位置决定，通常是固定值；基本点火提前角是由ECU根据发动机转速和负荷所确定的点火提前角，是发动机运转过程中最主要的点火提前角；修正点火提前角是ECU根据对点火提前角有影响的因素进行修正而得出的点火提前角。

1. 起动时点火提前角的控制

发动机起动过程中，进气管绝对压力传感器信号或空气流量计信号不稳定，ECU无法正确计算点火提前角，将点火时刻固定在设定的初始点火提前角，一般设定值为上止点前不超过10°（因发动机型号而异）。此时的控制信号主要是发动机转速信号（Ne信号）和起动开关信号（STA信号）。

2. 起动后点火提前角的控制

发动机起动后怠速运转时，ECU根据节气门位置传感器信号（IDL信号）、发动机转速信号（Ne信号）和空调开关信号（A/C信号）确定基本点火提前角。发动机起动后在除怠速以外的工况下运转时，ECU根据发动机的转速和负荷（单位转数的进气量或基本喷油量）确定基本点火提前角。

3. 点火提前角的修正

（1）冷却液温度修正

为了改善发动机的驾驶性能，发动机冷车刚起动后，冷却液温度还比较低，混合气燃烧的速度也比较慢，发生爆燃的可能性比较小，此时应适当增大点火提前角。暖机过程中，随着冷却液温度的升高，点火提前角应逐渐减小。

发动机处于怠速工况（如节气门位置传感器怠速触点闭合），当冷却液温度过高时，为避免发动机长时间过热，应将点火提前角增大，以此来提高发动机的怠速转速，从而提高水泵和冷却风扇的转速，增强制冷效果，降低发动机的温度。

发动机处于部分负荷运行（如节气门位置传感器的怠速触点断开），当冷却液温度过高时，为了避免爆燃，可将点火提前角推迟。

（2）怠速稳定性修正

发动机在怠速运行期间，由于发动机负荷变化使发动机转速改变，ECU要调整点火提前角，使发动机在规定的怠速转速下稳定运转。怠速运转时，ECU不断地计算发动机的平均转速。当发动机的转速低于规定的怠速转速时，ECU根据与怠速目标转速差值的大小相应地增大点火提前角，反之则推迟点火提前角。

怠速稳定性修正信号主要有发动机转速信号（Ne）、节气门位置（IDL）、车速（SPD）、空调信号（A/C）等。

（3）喷油量修正

装有氧传感器和闭环控制程序的电子燃油控制系统中，发动机ECU根据氧传感器的反馈信号对空燃比进行修正。随着修正喷油量的增加和减少，发动机的转速会在一定范围内波动。在喷油量减少时，混合气变稀，发动机转速相应降低，为了提高怠速的稳定性，点火提前角应适当地增加，反之点火提前角应适当地减小。

第四章 汽车点火系统的变压原理

（4）过热修正

发动机处于正常运行工况（怠速触点断开），当冷却液温度过高时，为了避免产生爆震，应将点火提前角推迟。发动机处于正常运行工况（怠速触点闭合），冷却液温度过高时，为了避免长时间过热，应将点火提前角增大。

过热修正控制信号主要有冷却液温度信号、节气门位置信号。

（二）通电时间控制

1. 通电时间控制的必要性

当点火线圈的初级电路被接通后，其初级电流按指数规律增长，通电时间长短决定初级电流的大小。当初级电流达到饱和时，若初级电路被断开，此瞬间初级电流达到最大值（即断开电流），会感应次级电压达到最大值。次级电压升高，会使低火花塞点火能力增强，所以在发动机工作时，必须保证点火线圈的初级电路有足够的通电时间。但如果通电时间过长，点火线圈又会发热并增大电能消耗。所以，通电时间过长或过短，都会给点火系统带来不利影响，要兼顾上述两方面的要求，就必须对点火线圈初级电路的通电时间进行控制。

2. 通电时间的控制

在现代微机控制点火系统中，通过凸轮轴/曲轴位置传感器把发动机工作信号输送给ECU，ECU根据存储在内部的闭合角（通电时间）控制模型控制点火线圈初级电路的通电时间。

发动机工作时，ECU根据发动机转速信号（Ne信号）和电源电压信号确定最佳的闭合角（通电时间），并向点火器输出指令信号（IGT信号），以控制点火器中晶体管的导通时间，并随发动机转速提高和电源电压下降，闭合角（通电时间）增大。

ECU根据发动机转速和蓄电池电压调节闭合角，以保证足够的点火能量。在发动机转速上升和蓄电池电压下降时，闭合角控制电路使闭合角加大，即延长一次侧电路的通电时间，防止一次侧储能下降，确保点火能量。在发动机转速下降和蓄电池电压较高时，闭合角控制电路使闭合角减小，即缩减一次侧电路的通电时间，确保初级线圈的安全。

（三）爆震控制

在发动机里，当压力和温度增高时，火花塞点火后，在火焰前锋还未到达之前，气缸内的可燃混合气就自行发火燃烧，这种不正常的燃烧现象就称为爆燃。因爆燃而造成的发动机缸体剧烈振动的现象称为爆震。理论与实践证明，剧烈的爆燃会使发动机的动力性和经济性严重恶化，气缸内有明显的金属敲击声，引起发动机的功率下降，冲击载荷增大，摩擦加剧，热负荷增大，使用寿命缩短，排气冒烟，经济性变差。

当发动机工作在爆燃的临界点时，发动机热效率最高，动力性和经济性最好。ECU就是据此来进行防爆震控制的。而消除爆燃最有效的方法就是推迟点火提前角，利用点火提前角闭环控制系统能够有效地控制点火提前角，从而使发动机工作在爆燃的临界状态。这样既能防止爆燃发生，又能有效地提高发动机的动力性和经济性。

爆震控制实际是点火提前角控制中的追加修正控制。当发动机出现1%~5%的轻微爆震时，其动力性、经济性接近最佳值。闭环控制方式即按轻微爆震来确定最佳点火提前角。闭环控制时，ECU根据测出的爆震率对点火提前角进行调节。一定时间内无爆震时，就逐步增大点火提前角，直至发生轻微爆震，爆震率大于5%时，又将点火提前角减小，直至爆震消除。

国内外大多数汽车微机控制点火系统都采用非共振型压电式爆震传感器。压电式爆震传感器主要由套筒底座、压电元件、惯性配重、塑料壳体和接线插座等组成。

第五章　汽车用直流电动机与电气控制

第一节　汽车用直流电动机的拆装与检修

一、直流电动机的结构

直流电动机由磁极、电枢、换向器和外壳等组成。

（一）磁极

磁极的作用是产生磁场；磁极由磁极、电刷装置和机座等组成。

1. 磁极

磁极铁芯采用0.5~1.5mm厚的低碳钢板冲片叠压而成。靠近气隙的较宽部分称为极靴，它的作用是固定励磁绕组，而且使气隙分布均匀；嵌套励磁绕组的那部分铁芯称为极身。励磁绕组采用铜线绕制而成，与铁芯经绝缘处理，套装在磁极铁芯上，最后将整个主磁极用螺钉均匀地固定在机座的内圆上。励磁绕组通过电流时产生磁场，磁极N、S交替分布。

2. 电刷装置

电刷和换向器配合使用，作用是给旋转的电枢绕组供电，将直流电流引入或引出。电刷装置与固定不动的外电路相连接，并使电枢轴上的电磁力矩保持固定方向。电刷装在端盖上的电刷架中，电刷弹簧使电刷与换向片之间具有适当的压力以保持配合。电刷装置由电刷、刷握、刷杆座组成。

3. 机座

机座是电动机磁路的一部分，是用来固定磁极、端盖等零部件，所以要求它有良好的导磁性能和机械强度，一般采用低碳钢浇注而成，或者用钢板焊接而成。

（二）电枢

1. 电枢铁芯

电枢铁芯用来嵌放电枢绕组，是磁路的一部分。电枢铁芯常采用0.35mm或0.5mm厚的有绝缘漆的硅钢片叠压而成。电枢铁芯上还有轴向通风孔。

2. 电枢绕组

电枢绕组是电动机的重要部件，由铜线绕制而成的许多个线圈，嵌放在电枢铁芯槽内，按一定规律经换向片连接成整体。电枢绕组是电路部分，它的作用是产生感应电动势。

3. 换向器

换向器是直流电动机的关键部件。它由许多楔形铜片间隙0.4～1.0mm云母片绝缘组装而成。每片换向片的一端有高出的部分，上面说有线槽供励磁绕组引出端焊接用。换向片的下部做成燕尾形，然后用钢制的V形套筒和V形云母环固定，称为换向器。

二、直流电动机的工作原理

直流电动机的原理示意图如图5-1所示。直流电动机工作时，接上直流电源，例如碳刷A接电源正极，碳刷B接电源负极。电流由碳刷A流入，经线圈abcd从碳刷B流出，导线ab中电流方向是由a到b，导线cd中电流方向是由c到d。在图5-1所示工作瞬间，根据电磁力定律可知：载流导体在磁场中要受力，其方向可由左手定则判定，导线ab受力的方向向左，导线cd受力的方向向右。两个电磁力对转轴所形成的电磁转矩为逆时针方向，电磁转矩使电枢按逆时针方向旋转。其大小为：

$$f = BLi$$

式中：B为导体所在处的磁通密度（Wb/m^2）；L为导体切割磁力线的有效长度（m）；i为导体中流过的电流大小（A）。

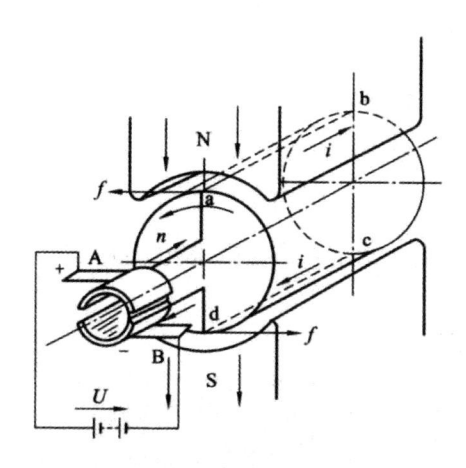

图5-1 直流电动机原理图

当线圈转过180°，换向片2转至与碳刷A接触，换向片1转至与碳刷B接触。电流由正极经换向片2流入，此时经线圈dcba从碳刷B流出，导线dc中电流方向为由d流向c，导线ba中电流方向为由b流向a，由换向片1经碳刷B流回负极。导线中的电流方向改变了，导线所在磁场的极性也改变了，但电磁力及电磁力对转轴所形成的电磁转矩的方向未变，仍为逆时针方向，这样，可使电动机沿一个方向连续旋转下去。利用换向装置，使每一极面下的导体中的电流方向始终不变，因而产生单方向的电磁转矩，电枢向一个方向旋转。

三、直流电动机的分类

直流电动机按励磁绕组与电枢绕组的连接方式不同，可分为以下4类。

（一）他励直流电动机

电枢绕组N_a与励磁绕组N_f都由单独电源供电，其特点是电枢总电流I_a与负载电流I相等，即：

$$I_a = I$$

（二）并励直流电动机

电枢绕组N_a与励磁绕组N_f并联。其特点是：

$$I = I_a + I_f$$

以上两类电动机的励磁电流$I_f \approx (1\% \sim 5\%)I_N$，所以励磁绕组的导线细而匝数多。

（三）串励直流电动机

电枢绕组 N_a 与励磁绕组串联，其特点是：

$$I = I_a = I_f$$

由于励磁电流与电枢电流相等，工作电流大，所以励磁绕组导线粗而匝数少。

（四）复励电动机

励磁绕组分为两部分：一部分与电枢绕组串联；另一部分与电枢绕组并联。当两部分励磁绕组产生的磁动势方向相同时，磁动势叠加，称为积复励，相反则称差复励，通常采用积复励。

四、直流电动机的铭牌

（一）直流电动机的铭牌

每台电动机机座上都会有一块铭牌，上面标有型号和一些数据，作为用户合理选择和正确使用电动机的依据，如表5-1所示为一直流电动机铭牌。

表5-1 直流电动机的铭牌

型号	Z2-72	励磁方式	并励
额定功率	22kW	励磁电压	220V
额定电压	220V	励磁电流	2.06A
额定电流	110A	定额	连续
额定转速	1500r/min	温升	80℃
出品编号	XXXXXX	出厂日期	XXXX年X月

（二）电动机的额定值

1. 额定功率 P_N

它指在额定运行状态下，电动机轴上输出的机械功率 $P_N = U_N I_N \eta_N$。单位为W或kW。

2. 额定电压 U_N

它指在额定运行状态下，加在电动机电枢两端的电源电压，单位为V。

3. 额定电流 I_N

它指电动机按规定的方式运行时，电枢绕组允许流过的最大安全电流，单位为A。

4. 额定转速 n_N

它指在额定运行状态下时电动机的转速，单位为r/min。

5. 额定励磁电压 U_f

它指在额定运行情况下，励磁绕组所加的电压，单位为V。

6. 额定励磁电流 I_f

它指在额定运行情况下，通过励磁绕组的电流，单位为A。

额定运行状态是指电动机按照额定值运行。电动机在接近额定的状态下运行，才是最经济的。事实上电动机在实际运行时，由于负载的变化和生产工艺的需要，经常不在额定状态下运行。

五、汽车起动机用的直流电动机的结构

（一）起动机的组成

发动机常用的启动方式，有人力启动、辅助汽油机启动和电力起动机启动。目前，大多数运输车辆都已采用电力起动机启动。汽车起动机的作用就是启动发动机，发动机启动之后，起动机便立即停止工作。电力起动机启动方式是由直流电动机通过传动机构将发动机启动，它具有操作简单、体积小、质量轻、安全可靠、启动迅速并可重复启动等优点，一般将这种电力起动机简称为起动机。

常规起动机一般由直流串励式电动机、传动机构和控制装置（也称电磁开关）3部分组成。

把点火开关旋至启动挡时，电动机产生转矩开始转动，同时，电磁开关把传动机构中的小齿轮推出，使其与发动机的飞轮齿圈啮合，这样，就把电动机的转矩通过传动机构传递给飞轮，使发动机启动。

（二）起动机的型号

汽车起动机型号由产品代号、电压等级代号、电流等级代号、设计序号、变型代号5部分组成。

第一部分为产品名称代号。QD、QDJ、QDY分别表示起动机、减速起动机和永磁起动机。

第二部分为分类代号，即电压等级代号，用一位阿拉伯数字表示，1表示12V，2表示24V，6表示6V。

第三部分为功率等级代号，用一位阿拉伯数字表示，代号对应的功率见表5-2。

表5-2　功率等级代号

分组代号	1	2	3	4	5	6	7	8	9
功率/kW	0～1	1～2	2～3	4～5	3～4	5～6	6～7	7～8	>8

第四部分为设计序号，按产品设计先后顺序，用阿拉伯数字表示。

第五部分为变型代号。

例如：QD124表示额定电压12V、功率为1～2kW，第四次设计的启动机。

（三）起动机的结构

直流电动机的作用是产生力矩。一般均采用直流串励式电动机。"串励"是指电枢绕组与磁场绕组串联。直流串励电动机由磁极、电枢、换向器和外壳等组成。

1. 电枢

电枢总成：由外圆带槽的硅钢片叠成的铁芯和电枢绕组组成，磁场绕组和电枢绕组一般采用矩形断面的裸铜线绕制。换向器装在电枢轴上，它由许多换向片组成。换向片嵌装在轴套上，各换向片之间均用云母绝缘。

2. 磁极

磁极的作用是产生电枢转动时所需要的磁场，它由固定在机壳上的磁极铁芯和磁场绕组组成。励磁绕组一端接在外壳的绝缘接线柱上，另一端与两个非搭铁电刷相连。磁极的作用是建立磁场，一般采用4个（2对）磁极，大功率起动机采用6个磁极。

3. 电刷

电刷和换向器配合使用，用来连接磁场绕组和电枢绕组的电路，并使电枢轴上的电磁力矩保持固定方向。电刷装在端盖上的电刷架中，电刷弹簧使电刷与换向片之间具有适当的压力以保持配合。

（四）直流串励电动机的工作特性

1. 转矩特性

启动瞬间：$I = \max, n = 0$，处于完全制动状。转矩 M 与 I^2 产成正比，在启动瞬间，转矩很大，使发动机易于启动。

2. 转速特性

串励式电动机具有轻载转速高，重载转速低的特性，可以保证启动安全可靠，但轻载或空载时，易造成"飞车"事故。对于功率很大的直流串励式电动机，不允许在轻载或空载下运行。

3. 功率特性

完全制动时：$P = 0$ 和 $n = 0$ 时，$M = \max$。空载时：$I = \min, n = \max$，$P = 0$；当 $I = 0.5 I_{\max}$ 时，$P = \max$。

六、刮水器电动机

（一）风窗刮水器结构

风窗刮水器组主要由直流电动机、蜗轮轮箱、曲柄、连杆、摆杆、摆臂和刮水片等组成。一般电动机和蜗杆箱结合成一体组成刮水器电动机总成。曲柄、连杆和摆杆等杆件可以把蜗轮的旋转运动转变为摆臂的往复摆动，使摆臂上的刮水片实现刮水动作。

一般刮水电动机有绕线式和永磁式两种。绕线式刮水电动机的磁极绕有励磁绕组，通电流时产生磁场，而永磁式刮水电动机的磁极用永久磁铁制成。永磁式电动机体积小、质量轻、结构简单、使用广泛。

永磁刮水电动机：主要由外壳及磁铁总成、电枢、电刷安装板及复位开关、输出齿轮及蜗轮、输出臂等组成，通电时电枢转动，经蜗轮和输出齿轮及输出轴后，把动力传给输出臂。

（二）刮水电动机变速原理

为了满足实际的使用需要，刮水电动机有低速和高速两个挡位，永磁式刮水电动机的变速原理是利用3个电刷来改变正、负电刷之间串联线圈的个数实现变速的。其原理如下：刮水电动机工作时，在电枢内同时产生反电势，其方向与电枢电流的方向相反。如要使电枢旋转，外加电压必须克服反电势的作用。当电动机转速升高时，反电势增高，只有当外加电压等于反电势时，电枢的转速才能稳定。

七、车窗电动机

（一）电动车窗组成

电动车窗也叫自动车窗，它方便驾驶员及乘客的操作，使驾驶员更加集中精力驾车，因此轿车普遍装载电动车窗装置。驾驶员操作时，可以使4个车窗中的任意一个升降，乘员只能使所在的车窗上升或下降。电动车窗主要由车窗玻璃、车窗玻璃升降器、电动机、继电器、断路器和控制开关等组成。

控制开关一般有两套，一套为总开关，装在仪表板或驾驶员侧的车门上，驾驶员可以控制每个车窗玻璃的升降，总开关中包括车窗锁止开关；另一套是分开关，分别安装在每个车窗上，乘客可以控制各个车窗的升降。

（二）电动车窗种类

电动车窗主要由车窗玻璃、车窗玻璃升降器、电动机、继电器、断路器和控制开关等组成。常见的电动车窗的升降机构有绳轮式、交臂式和软轴式。

（三）电动车窗的控制电路及工作原理

电动车窗可以手动控制玻璃升降也可以自动控制玻璃升降。手动控制玻璃升降就是按下手动按钮，车窗可以上升或下降；若中途松开按钮，上升或下降的动作立即停止。自动控制玻璃升降就是按下自动按钮，松开手，车窗可以继续上升或下降，直到窗顶或窗底自动停止。

第二节　电气控制

一、刀开关的使用

刀开关主要用在低压成套配电装置中，用于不频繁地手动接通和分断交直流电路或作隔离开关用，也可以用于不频繁地接通与分断额定电流以下的负载，如小型电动机等。

为了使用方便和减小体积，在刀开关上安装熔丝或熔断器，组成兼有通断电路和保护作用的开关电器，如胶盖开关、熔断器式刀开关等。安装刀开关，在垂直安装时，手柄向上合为接通电源，向下拉为断开电源，不能反装。电源线接在静触点上，负荷线应接在与闸刀相连的端子上。对有熔断丝的刀开关，负载线应接在闸刀下侧熔断丝的另一端，确保刀开关切断电源后闸刀和熔断丝不带电。

汽车电源总开关是用来接通或切断蓄电池电路，其形式有闸刀式和电磁式两种，其中电磁式使用较少。

二、直流接触器结构解析

直流接触器是由触点系统、电磁机构和灭弧装置等部分组成。直流接触器触点分为主触点和辅助触点。主触点一般做成单极或双极，由于主触点工作的电流较大，故采用滚动接触的指形触点；辅助触点的工作电流较小，常采用点接触的双断点桥式触点。线圈的匝数较多，电阻大，线圈本身发热，因此吸引线圈做成长而薄的圆筒状，且不设线圈骨架，使线圈与铁芯直接接触，以便散热。

三、易熔线和熔断器的应用

（一）易熔线

易熔线是一种大容量的熔断器，用于保护电源电路和大电流电路。易熔线的安装位置接近电源，易熔线通常用在不采用保险或电路断路器的情况下保护较大范围的车辆电路。若发生过载，易熔线较细的导线将熔断，以在发生损坏前断开电路。

（二）熔断器

熔断器常用于保护局部电路，其额定电流较小。熔断器的主要元件是熔丝（片），熔断器是低熔点金属丝或金属薄片制成的熔体，串联在被保护的电路中。在正常情况下，熔体相当于一根导线，当发生短路或过载时，电流很大，熔体因过热熔化而切断电路。熔断器作为保护电器，具有结构简单、重量轻、体积小、价格低廉、使用和维护方便、可靠性高等优点。

1. 熔断器的选择与维护

熔断器的类型应根据线路的要求、使用场合及安装条件进行选择。熔断器的额定电压必须不小于熔断器工作点的电压。熔断器的额定电流根据被保护的电路及设备的额定负载电流选择。熔断器的额定电流必须不小于所装熔体的额定电流。

2. 熔断器在使用维护方面注意事项

安装前应切断电源，检查熔断器的型号、额定电流、额定电压、额定分断能力等参数是否符合规定要求。安装时应注意熔断器与底座触刀接触良好，以避免因接触不良造成温升过高，引起熔断器误动作和周围电器元件损坏。使用时应经常清除熔断器表面的尘埃，在定期检修设备时，如发现熔断器有损坏，应及时更换。

四、继电器的应用

继电器是一种根据电量（电压、电流等）或非电量（热能、时间、转速、压力等）的变化，从而使触点动作，以实现自动控制和保护电力拖动装置的电器。

（一）继电器与接触器区别

电磁式继电器是应用最广泛的一种以电磁力为驱动力的继电器。继电器与接触器都是用来自动接通和断开电路的，二者的区别在于：继电器一般用于控制电路中，控制小电流电路，一般触点额定电流不大于5A，所以不需要灭弧装置；而接触器用于主电路中，控制大电流电路，主触点额定电流不小于5A，需加灭弧装置。电磁式继电器的形式多种多样，可以检测电量或非电量多种变化量，而接触器一般只能对电压的变化做出反应。

（二）中间继电器

中间继电器是一种电压式继电器，它的主要作用是在电路中转换信号。中间继电器可将小功率的控制信号转换为大容量的触点动作，以驱动电气执行元件工作。中间继电器也可分为交流和直流两种，由电磁机构和触点系统组成。

五、热继电器

热继电器是一种具有延时过载保护特性的过电流继电器，广泛用于电动机的过载保护。电动机过载，但过载超过额定值的量不大，熔断器在这种情况下不会熔断，这样将引起电动机过热，损坏绕组的绝缘层，严重时甚至烧坏电动机。电动机频繁启动、欠电压运行或断相运行等都有可能使电动机的电流超过它的额定值，应采用热继电器作为电动机的过载保护装置。

双金属片式热继电器的结构原理如图5-2所示。图中的双金属片2是使用两种不同膨胀系数的金属片碾压在一起制成的，当双金属片的温度升高时，由于两种金属的线膨胀系数不同，双金属片会弯曲，热元件3串接在电动机定子绕组中，电动机定子绕组的电流即为流过热元件的电流。

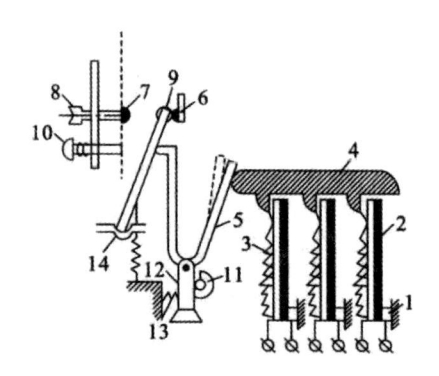

图5-2 双金属片式热继电器的结构原理

当电动机正常运行时,热元件产生的热量虽能使双金属片2弯曲,但还不致使继电器动作;当电动机过载时,热元件产生的热量会增大,使双金属片弯曲量增大,双金属片弯曲推动导板4,并通过补偿双金属片5与推杆14将触点9和触点6分开,常闭触点断开,断开后使接触器断电,接触器的常开触点断开电动机负载回路,保护了电动机。

补偿双金属片5作用在规定的范围内补偿环境温度对热继电器的影响。如周围温度升高,双金属片向左弯曲程度加大,然而补偿双金属片5也向左弯曲,使导板4与补偿双金属片之间的距离保持不变,故继电器特性不受环境温度变化的影响,反之亦然。

六、主令电器的应用

主令电器用于发送控制指令的控制电器,对各种电气系统发出控制指令,使继电器和接触器动作,从而改变拖动装置的工作状态,以获得远距离控制。主令电器应用广泛,种类繁多,有控制按钮、行程开关、接近开关等。

(一)控制按钮

控制按钮是一种手动的开关,能发出控制指令和信号,用于对电磁启动器、接触器、继电器及其他电气线路发出指令信号控制。

控制按钮的结构如图5-3所示,由按钮帽1、复位弹簧2、动触点3、动断静触点4、动合静触点5和外壳等组成,通常制成具有动合触点(常开触点)

和动断触点（常闭触点）的复式结构。

按钮的结构形式有多种，适用于不同的场合。紧急式按钮装有突出的蘑菇形钮帽，以便于紧急操作；指示灯式按钮在透明的按钮内装入信号灯，用做信号显示。

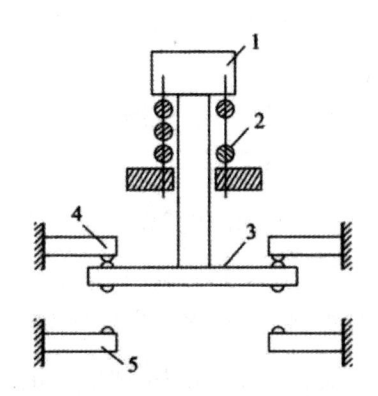

图5-3 控制按钮的结构示意图
1：按钮帽；2：复位弹簧；3：动触点；4：动断静触点；5：动合静触点

（二）点火开关

点火开关主要用来接通和切断点火电路，同时还用以控制发动机、发电机励磁、收音机、空调、刮水器、点烟器、方向盘锁止、仪表、信号灯、进气预热和其他电器设备电路。

（三）行程开关

行程开关是按照生产机械的行程发出命令以控制其运行方向的主令电器，如将行程开关安装于生产机械的行程终点处，以限制其行程，则称为限位开关。

行程开关的工作原理与控制按钮类似，只是它用运动部件上的撞块来碰撞行程开关的推杆。如图5-4所示，触点结构是双断点直动式，为瞬动型触点，瞬动操作是靠传感头推动推杆1达到一定行程后，触桥中心点过死点O''以使触点在弹簧2的作用下迅速从一个位置跳到另一个位置，完成接触状态转换，使常闭触点断开，常开触点闭合。

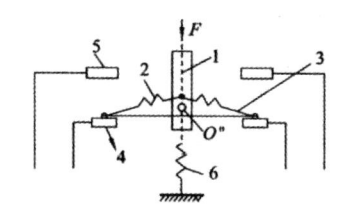

图5-4 按钮的图形符号及文字符号

七、三相异步电动机结构和工作原理

（一）三相异步电动机结构

三相异步电动机又称为三相感应电动机，它具有结构简单、坚固耐用、造价低廉、便于维护的优点，被广泛采用。

三相异步电动机种类繁多，按转子结构可分为鼠笼式和绕线式两大类；按机壳的防护形式分类，鼠笼式又可分为防护式、封闭式、开启式。异步电动机的分类方法虽不同，但各类三相异步电动机的基本结构却是相同的。

1. 定子

定子是异步电动机静止不动的部分，主要由定子铁芯、定子绕组和机座组成。

（1）定子铁芯

定子铁芯是电动机主磁路的一部分，常采用0.5mm两面涂有绝缘漆的硅钢片叠压而成。铁芯内圆上有均匀分布的槽，用来嵌放三相定子绕组。槽的形状有开口槽、半开口槽和半闭口槽等。

（2）定子绕组

定子绕组是电动机的电路部分，一般用高强度漆包铜线按一定规律绕制成线圈，嵌入定子槽内，用以建立旋转磁场，是能量转换的核心部分。三相绕组6个出线端引至机座上的接线盒内与6个接线柱相连，可接成星形或三角形。

（3）机座

机座主要用于固定和支撑定子铁芯和端盖，常用铸钢或铸铁制成，大型电动机常用钢板焊接而成。小型封闭式异步电动机表面有散热筋片，以增加散热面积。

2. 转子

转子是电动机的旋转部分，主要由转子铁芯、转子绕组和转轴等组成。

（1）转子铁芯

转子铁芯是电动机主磁路的另一部分，采用0.5mm厚硅钢片冲片叠压而成，转子铁芯外圆上有均匀分布的槽，用以嵌放转子绕组。一般小型异步电动机转子铁芯直接压装在转轴上。鼠笼式转子槽是沿轴向扭斜了一个角度，以改善启动性能和降低电磁噪声。

（2）转子绕组

转子绕组是电动机电路的另一部分，用来产生转子电磁转矩和电动势。转子绕组有鼠笼式和绕线式两种。鼠笼式转子绕组是在转子铁芯每个槽内插入等长的裸铜导条，两端用铜端环焊接而成，形成闭合回路。若去掉铁芯，很像一个装松鼠的笼子，故称鼠笼式转子。一般中小型异步电动机鼠笼式转子槽内常采用铸铝，将导条、端环同时一次浇注成型。绕线式转子绕组的转子绕组与定子绕组类似，采用绝缘导体绕制成三相绕组嵌入转子铁芯槽内，一般将它接成Y形，三相首端分别固定在转轴上的3个相互绝缘的滑环上，再经压在滑环上的三组电刷与外电路的电阻相连，3个绕组的另一端也接成Y形。

（3）气隙

异步电动机定、转子之间留有一定的均匀气隙，气隙大小对电动机性能影响很大。因为气隙越大，磁阻越大，产生同样大的磁通，所需的励磁电流越大，电动机的功率因此就会越低。但如果气隙过小，将给装配造成困难，运行时定、转子发生摩擦，使电动机运行不可靠。中小型异步电动机的气隙一般为0.2~1.5mm。

（二）三相异步电动机基本工作原理

三相异步电动机与直流电动机一样，也是根据电磁感应原理制成的。

两极三相鼠笼式异步电动机其基本工作原理如下：三相对称绕组中通入三相对称电流产生圆形旋转磁场，而转子导体切割旋转磁场感应电动势和电流，转子载流导体在磁场中受到电磁力的作用，从而形成电磁转矩，驱使电动机转子转动。

转子的转向与旋转磁场转向相同，若要使电动机反转改变旋转磁场转向，只需对调电动机的任意两根电源线。在没有其他外力作用下，转子的速度 n 略小于同步转速 n_1，异步电动机转子转速与同步转速总是存在差异，异步电动机因此而得名。

（三）转差率 s

异步电动机工作的必要条件是转子的速度 n 小于同步转速 n_1，即 $n<n_1$，两者之差称作转差，即 $n_2 = n_1 - n$。将异步电动机的转差 n_2 与同步转速 n_1 之比值称为转差率 s。即 $s = (n_1 - n)/n_1$。

s 是异步电动机的重要物理量，根据 s 的大小可判断异步电动机工作于不同状态：$0<s<1$ 为电动状态，$s<0$ 为发电状态，1 为制动状态。异步电动机处于电动状态时，s 的微小变化也会引起转速较大的变化，即 $n=(1-s)n_1$。

（1）异步电动机定子刚接上电源的瞬间，转子未转动 $n=0$，则转差率 $s=1$。

（2）异步电动机转速 $n=n_1$，则转差率 $s=0$。

（3）异步电动机转速 $0<n<n_1$，则转差率在 0～1 之间变化。

（4）空载时，n 接近 n_1，则 $s_N \approx 0.0005 \sim 0.005$。

（5）异步电动机额定运行时，$n=n_N$，则 $s_N \approx 0.02 \sim 0.06$。

八、伺服电动机

控制电动机是特殊功能的小功率电动机，不以传递能量为主要目的，而是在自动控制系统中作为执行、放大、检测及运算等控制元件。伺服电动机又称为执行电动机，是控制电动机的一种，是把输入的电信号转变为电动机轴上的角速度或角位移等机械信号输出。伺服电动机分为直流伺服电动机和交流伺服电动机。伺服电动机特点是有电信号就动作，没有电信号就停止，启动、制动和调速非常频繁，并且经常工作在转速为零或低速状态等过渡状态。

（一）直流伺服电动机

1. 直流伺服电动机的结构和工作原理

直流伺服电动机的结构与他励直流电动机的结构完全相同，由定子和转子两大部分组成。其工作原理与他励直流电动机的相同。当励磁绕组中有励磁电流流过产生磁通，电枢绕组中有电流流过时，电枢电流在磁通作用产生电磁转矩，使电动机转动。

2．直流伺服电动机的控制方式

直流伺服电动机有电枢控制和磁场控制两种控制方式。

电枢控制励磁绕组中的励磁电流保持恒定，从而磁场恒定，通过改变电枢绕组上的电压来改变电动机的转速和转向。也就是说电枢的控制电压升高（下降）则转速升高（下降）；改变电枢控制电压的电压方向则电动机反转。这种控制方式的优点是没有控制信号时，电枢电流为零，电枢中无损耗，只有很小的励磁损耗。

磁场控制电枢的控制电压保持恒定，通过改变励磁电压的大小和极性来改变电动机的转速和转向。这种控制方式的优点是控制功率小。

（二）交流伺服电动机

1．交流伺服电动机的结构和工作原理

交流伺服电动机一般就是两相异步电动机，其定子槽内是两相绕组，一个是励磁绕组，另一个是控制绕组，二者空间相差90°电角度。转子有两种形式，分为鼠笼式和空心杯形，一般转子的电阻做得比较大，用来防止自转。

2．交流伺服电动机的控制方式

交流伺服电动机有以下3种控制方式。

①幅值控制：控制电压和励磁电压保持相位差90°，改变控制电压幅值的控制方法。②相位控制：控制电压和励磁电压均为额定电压，通过改变控制电压和励磁电压相位差对伺服电动机的控制的方法。③幅相控制：同时对幅值和相位差都进行控制，通过改变控制电压的幅值及控制电压和励磁电压的相位差来控制电动机的转速。

九、电气控制线路

（一）电气控制系统图的分类

按用途和表达式方式的不同，电气控制系统图可分为电气原理图、电器布置图和电气安装接线图等。

1. 电气原理图

电气原理图是为了便于阅读与分析控制线路，根据清晰、简单的原则，采用电器元件展开的形式绘制而成的图。电气原理图包括电器元件的导电部件和接线端点，但不是按照电器元件的实际布置位置来绘制，不反映电器元件的大小，其作用是便于详细了解电路工作原理，指导设备的安装、调试与维修。

2. 电器布置图

电器布置图是用来表明电气设备上所有电器元件的实际位置，为生产机械电气控制设备的制造、安装提供必要的资料。电器布置图与电气安装接线图组合在一起，既起到电气安装接线图的作用，又能清晰表示出电器的布置情况。

3. 电气安装接线图

电气安装接线图是为安装电气设备和对电器元件进行配线和检修电器故障服务的。它是用规定的图形符号，按各电器元件相对位置绘制的实际接线图，清楚地绘制出各电器元件的相对位置和它们之间的电路连接。

（二）点动控制电气原理图

点动是指按下按钮电动机启动运转，松开按钮电动机失电停转。点动的控制线路如图5-5所示。其中，主电路包含三相电源、刀开关QS、熔断器FU、接触器主触点KM、电动机M；控制电路包含按钮SB和接触器线圈KM。

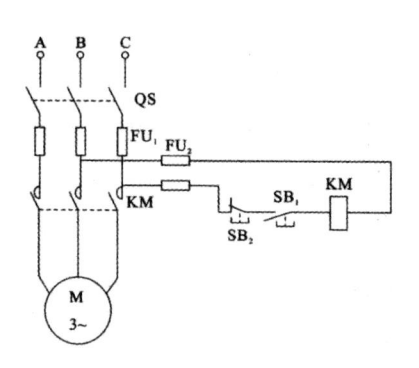

图5-5 点动的控制线路

线路的工作过程如下：合上刀开关QS→按下按钮SB→接触器线圈KM得电→接触器主触点闭合→电动机M得电开始运行；松开按钮SB→接触器线圈KM失电→接触器主触点恢复常开→电动机M失电停止转动。

（三）连续运行控制电气原理图

连续运行是指按下按钮电动机得电启动运转，松开按钮电动机仍继续运转。连续运行控制线路如图5-6所示。

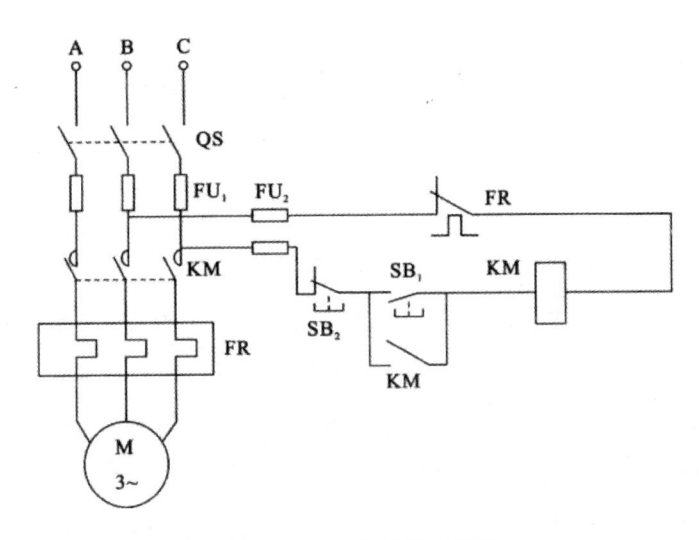

图5-6　连续运行控制线路

连续运行就是在点动控制线路中启动按钮SB的两端并联一个接触器的常开触点KM，同时要添加一个停车按钮SB_2。这种依靠接触器常开触点而使其线圈保持通电的现象，称为自锁。

线路的工作过程如下：合上刀开关QS→按下按钮SB_1→接触器线圈KM得电→接触器主触点KM闭合→电动机M得电运转；接触器KM常开触点闭合→自锁，此时即使松按钮SB，电动机M仍继续运转；按下停止按钮SB_2→接触器线圈KM失电→接触器主触点恢复常开→电动机M失电停止转动。

第六章　晶体管在汽车电路中的应用

第一节　晶体管在汽车电路中的应用

半导体之所以得到广泛的应用，是因为它具有以下特性：①通过掺入杂质可明显地改变半导体的电导率。例如，室温30℃时，在纯净锗中掺入一亿分之一的杂质（称掺杂），其电导率会增加几百倍。②温度可明显地改变半导体的电导率，利用这种热敏效应可制成热敏器件。但另一方面，热敏效应使半导体的热稳定性下降，因此，在半导体构成的电路中常采用温度补偿及稳定参数等措施。③光照不仅可改变半导体的电导率，还可以产生电动势，这就是半导体的光电效应。利用光电效应可制成光敏电阻、光电晶体管、光电耦合器和光电池等。光电池已在空间技术中得到广泛的应用，为人类利用太阳能提供了广阔的前景。

一、晶体管

晶体管（transistor）是一种固体半导体器件，它可以用于检波、整流、放大、开关、稳压、信号调制和许多其他功能。晶体管作为一种可变开关，基于输入的电压，控制流出的电流，因此晶体管可作为电流的开关，与一般机械开关（如relay、switch）不同之处在于晶体管是利用电信号来控制开关，而且开关速度可以非常快，在实验室中的切换速度可达100GHz以上。

晶体管在汽车上的应用广泛，图6-1所示为晶体管电压调节器，也叫电子调节器，以稳压管作为电压感受元件，利用晶体三极管的开关作用，控制晶体三极管的通断来调节励磁电流，使发电机电压保持稳定。在发电机转速变化时，调节磁场电路的阻值，使发电机电压保持稳定。这种调节器没有触点，使用过程中无需保养和维护，结构简单、体积小、重量轻，目前已经逐步取代触点式调节器。同样，它也有内搭铁和外搭铁之分，其电路分析如下：①点火开关SW刚接通时，发动机不转，发电机不发电，蓄电池电压加在分压器R_1、R_2上，此时因U_{R1}较低不能使稳压管VS的反向击穿，VT_1截止，VT_1截止使得VT_2导通，发电机磁场电路接通，此时由蓄电池供给磁场电流。随着发动机的启动，发电机转速升高，发电机他励发电，电压上升。②当发电机电压升高到大于蓄电池电压时，发电机自励发电并开始对蓄电池蓄电，如果此时发电机输出电压U_B小于调节器调节上限U_{B2}、VT_1继续截止，VT_2继续导通，且此时的磁场电流由发电机供给，发电机电压随转速升高迅速升高。③当发电机电压升高到等于调节上限U_{B2}时，调节器对电压的调节开始。此时VS导通，VT_1导通，VT_2截止，发电机磁场电路被切断，由于磁场被断路，磁通下降，发电机输出电压下降。④当发电机电压下降到等于调节下限U_{B1}时，VS截止，VT_1截止，VT_1重新导通，磁物电路重新被接通，发电机电压上升。这样周而复始，发电机输出电压U_B被控制在一定范围内，这就是外搭铁型电子调节器的工作原理。

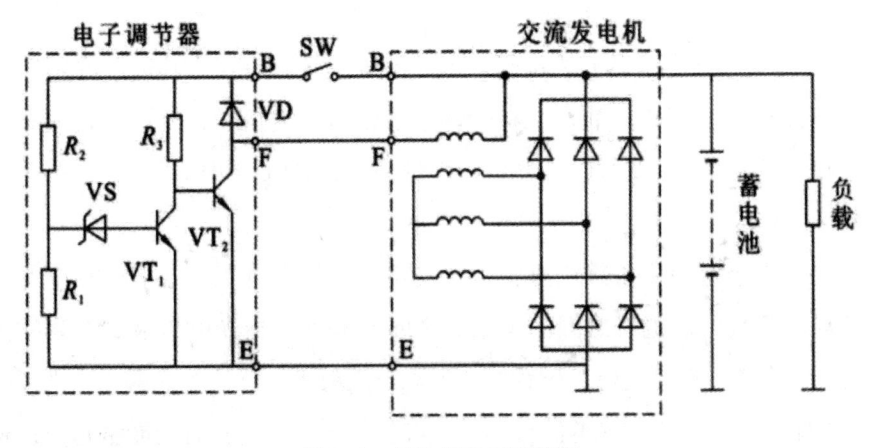

图6-1 晶体管电压调节器

二、光电二极管和发光二极管

（一）光电二极管工作原理

光电二极管是将光信号变成电信号的半导体器件。它的核心部分也是一个PN结，与普通二极管相比，在结构上不同的是，为了便于接受入射光照，PN结面积尽量做得大一些，电极面积尽量小一些，而且PN结的结深很浅，一般小于1μm。

光电二极管是在反向电压作用下工作的。没有光照时，反向电流很小（一般小于0.1μA），称为暗电流。当有光照时，携带能量的光子进入PN结后，把能量传给共价键上的束缚电子，使部分电子挣脱共价键，从而产生电子-空穴对，称为光生载流子。

它们在反向电压作用下参加漂移运动，使反向电流明显变大，光的强度越大，反向电流也越大。这种特性称为"光电导"。光电二极管在一般照度的光线照射下，所产生的电流叫光电流。如果在外电路上接上负载，负载上就获得了电信号，而且这个电信号随着光的变化而相应变化。

光电二极管、光电三极管是电子电路中广泛采用的光敏器件。光电二极管与普通二极管一样具有一个PN结，不同之处是在光电二极管的外壳上有一个透明的窗口以接收光线照射，实现光电转换，在电路图中文字符号一般为VD。光电三极管除具有光电转换的功能外，还具有放大功能，在电路图中文字符号一般为VT。光电三极管因输入信号为光信号，所以通常只有集电极和发射极两个引脚线。与光电二极管一样，光电三极管外壳也有一个透明窗口，以接收光线照射。

光电二极管的主要特性有：①伏安特性。指光电二极管上所产生的光电流与其两端所加电压之间的关系。②光照特性。指光电二极管对光的灵敏度。③光谱特性。光电二极管的光电流与入射光的波长的关系称为光谱特性。光子能量的大小与光的波长有关：波长越长，光子具有的能量越小；相反，波长越短，光子具有的能量越大。

（二）发光二极管

发光二极管是半导体二极管的一种，它可以把电能转化成光能，常简写为LED。发光二极管与普通二极管一样是由一个PN结组成，也具有单向导电性。电流从正向负流动，此时可发光；反向时二极管截止，不发光。当给发光二极管加上正向电压后，从P区注入N区的空穴和由N区注入P区的电子，在PN结附近数微米内分别与N区的电子和P区的空穴复合，产生自发辐射的荧光。不同的半导体材料中电子和空穴所处的能量状态不同。当电子和空穴复合时，释放出的能量有多有少，释放出的能量越多，则发出的光的波长越短。常用的是发红光、绿光或黄光的二极管。

三、光电三极管

光电三极管的工作原理分为两个部分：一是光电转换；二是光电流放大。

光电三极管的光电转换过程与一般光电二极管相同，在集–基PN结区内进行。光激发产生的电子–空穴对在反向偏置的PN结内电场的作用下，电子流向集电区被集电极所收集，而空穴流向基区与正向偏置的发射结发射的电子复合，形成基极电流，基极电流将被集电结放大，这与一般半导体三极管的放大原理相同。不同的是一般三极管是由基极向发射结注入空穴载流子，控制发射极的扩散电流，而光电三极管是由注入发射结的光生电流控制的。

第二节　共射极放大电路的应用

共射极放大电路是放大电路的一种，一般是指由一个三极管与相应元件组成的三种基本组态放大电路。共射极放大电路是放大电路中应用最广泛的三极管接法，信号由三极管基极和发射极输入，从集电极和发射极输出。由于发射极为共同接地端，故将这种电路称为共射极放大电路。其特点有：①电路稳定性高、成本低。②输入电阻小、输出电阻大。③输入和输出电流反向。④共射极放大器的集电极与零电位点之间是输出端,接负载电阻。

一、共射极电压放大电路的分析

可分为静态分析和动态分析。静态分析是指没有输入信号时,对放大电路的工作状态进行分析;动态分析是指有输入信号时,对放大电路的工作状态进行分析。静态分析研究放大电路的静态值I_C、U_{BE}和U_{CE}等参数。动态分析研究放大电路的电压放大倍数A_u、输入电阻r_i和输出电阻r_o等参数。

(一)共射极放大电路的组成

电动势e_S与电阻R_S组成输入端交流信号源,输入电压为u_i;输出端接负载R_L(如扬声器、继电器、电动机、测量仪表等),输出电压为u_0。电路中主要元件的作用分别如下:

1. 三极管P

三极管是放大电路中的放大元件,输入信号电流通过它后,对电流进行放大,在集电极电路获得了放大后的电流。但根据能量守恒定律,一个较小的能量输入不可能在无其他能量的供给下输出一个较大的能量,所以必须采用直流电源对三极管供给能量,也就是通过三极管对电源E_c的控制,在输出端获得一个能量较大的信号。

2. 集电极电源E_c

电源E_c除了为输出信号提供能量外,它还使得集电极始终处于反向偏置状态,以使晶体管起到对电流的放大作用。E_c一般为几伏至几十伏。

3. 集电极负载电阻R_C

它的主要作用是把三极管对电流的放大作用转化为对电压的放大。

4. 基极电源E_B和基极电阻R_B

它们的共同作用是三极管的发射极始终处于正向偏置,并提供大小适当的基极电流I_B,以使放大电路在适当的工作点工作,保持输入信号和输出信号的稳定性。R_B的阻值一般为几十千欧至几百千欧。

放大电路的输入端用一个等效电阻r_i来表示,称为放大电路的输入电阻,即:

$$r_i = \frac{U_i}{I_i}$$

放大电路的输出端也可用由E_0和R_0组成的电压源表示,它是负载电阻R_L的电源,其内阻R_o称为放大电路的输出电阻。

放大电路的输出端电压U_o与输入端电压U_i之比,即$A_u = \frac{U_o}{U_i}$,称为放大电路的电压放大倍数。

(二)共射极放大电路的静态分析

共射极放大电路的静态值的确定有两种方法:一种是用交流放大电路的直流通路来分析计算;另一种是用图解法确定静态值。

1. 放大电路直流通路静态分析

静态时基极电流为:

$$I_B = \frac{U_{CC} - U_{BE}}{R_B} \approx \frac{U_{CC}}{R_B}$$

由于U_{BE}远比U_{CC}小,故可以忽略不计。

由I_B可得出静态时的集电极电流为:

$$I_C = \bar{\beta} I_B + I_{CEO} \approx \bar{\beta} I_B \approx \beta I_B$$

此时,集电极和发射极之间的电压为:

$$U_{CE} = U_{CC} - R_C I_C$$

2. 图解法静态分析

静态值也可以用图解法来确定,而且能比较直观地分析静态值的变化对放大电路工作的影响。

从上面放大电路的直流通路分析法得出:

$$U_{CE} = U_{CC} - R_C I_C$$

转换成:

$$I_C = -\frac{1}{R_C} U_{CE} + \frac{U_{CC}}{R_C}$$

这是一个直线方程,在纵轴上的截距为$\frac{U_C}{R_C}$,在横轴上的截距为U_{CC},

再结合三极管的伏安特性曲线即输出特性曲线。基极电流I_B的大小不同，静态工作点Q在负载线上的位置也就不同。信号源频率要求不一样，I_B的值也就不一样。也就是说，通过改变I_B的值可以得到相应不同要求的工作点。

（三）共射极放大电路的动态分析

当静态值确定后，需要分析信号的传输情况，考虑的只是电流和电压的交流分量。其中微变等效电路法和图解法是动态分析的两种基本方法，下面主要介绍微变等效电路法。

把非线性元件晶体管所组成的放大电路等效为一个线性电路，称为放大电路的微变等效。这样在处理晶体管放大电路时增加了方便性。但是，晶体管必须在微变量小信号的情况下工作。

1. 放大电路的微变等效电路

晶体管的输入特性是非线性的。但当输入信号很小时，在静态工作点Q附近的工作区域可以认为是线性的。当U_{BE}为常数时，ΔU_{BE}与之比称为晶体管的输入电阻。r_{be}代表晶体管的输入特性。

$$r_{be} = \frac{\Delta U_{BE}}{\Delta I_B}$$

在小信号的情况下，r_{be}是一个常数，可以通过以下公式估算：

$$r_{be} \approx 200 + (\beta+1)\frac{26(mV)}{I_E(mA)}$$

式中：I_E是发射极电流的静态值；β是晶体管的电流放大系数，为三极管工作时，集电极电流I_C与基极电流I_B的比值。

2. 电压放大倍数的计算

放大电路的电压放大倍数为：

$$A_u = \frac{U_o}{U_i}$$

当放大电路输出端开路时，可写成：

$$A_u = -\beta \frac{R_C}{r_{be}}$$

3. 放大电路输入电阻的计算

一个放大电路的输入端与信号源连接，而输出端则与负载连接。因此，放大电路与信号源及负载是相互联系、相互影响的。

信号源的负载电阻就是放大电路的输入电阻，表示为：

$$r_i = \frac{U_i}{I_i}$$

交流信号源的信号是以一定规律变化的，所以对交流信号源而言，r_i是一个动态电阻。根据微变等效电路，还可以通过以下式子计算：

$$r_i = R_B // r_{be} \approx r_{be}$$

4. 放大电路输出电阻的计算

放大电路的内阻即为放大电路的输出电阻r_o，也是一个动态电阻。其表达式如下：

$$r_o = \frac{U_o}{I_o}$$

如果r_o较大，当负载变化时，输出电压的变化较大，降低了放大电路带负载的能力。所以，希望r_o越小越好。

5. 放大电路的非线性失真

所谓失真，是指放大电路输出信号的波形与输入信号的波形不一样。引起这种问题的原因有很多，其中最基本的原因就是由于静态工作点或者信号源能量太大，使放大电路的工作范围超过了晶体管正常工作的范围。这就是非线性失真。

（四）放大电路的幅频特性

放大电路对不同幅频的信号所呈现出的容抗值是不一样的，输出信号不能重现输入信号的波形，这就是频率失真。

当放大倍数$|A_u|$下降为也时所对应的两$\frac{|A_u|}{\sqrt{2}}$时所对应的两个频率，分别为下限频率f_L和上限频率在这两个频率之间的范围内，称为放大电路的通频带。在通频带内信号频率失真的概率将降低。

二、共射极电压放大电路在汽车电路中的应用

共射极电压放大电路在汽车电路中的应用比较广泛，应用范围包括点火器电路、汽车前照灯自动变光控制器及发动机电子调节器等。

（一）汽车电子点火器

汽车电子点火器的电路由稳压滤波电路、无稳态多谐振荡器和放大电路组成。从IC输出的点火振荡脉冲信号经三极管驱动放大后，通过升压变压器产生高压脉冲，作为点火电压。由点火信号、三极管及火花塞组成了一个共射极电压放大电路。

（二）汽车转向闪光灯电路

汽车转向闪光灯电路由多谐振荡器、音响驱动电路和闪光控制电路组成。其中音响驱动电路采用了共射极放大电路。

（三）发电机电子调节器

汽车发电机电子调节器电路由稳压管及小功率三极管和大功率三极管等元件组成。发动机电压通过电阻的分压作用，将一定比例的电压施加到稳压管，使稳压管根据发电机电压的变化而导通或截止；大功率三极管串联于发电机磁场绕组的电路中，用于控制电流大小。

第三节 集成运算放大电路的应用

集成电路是一种将"管"和"路"紧密结合的器件，它以半导体单晶硅为芯片，采用专门的制造工艺，把晶体管、场效应管、二极管、电阻和电容等元件及它们之间的连线所组成的完整电路制作在一起，使之具有特定的功能。集成运算放大电路最初用于各种模拟信号的运算（如比例、求和、求差、积分、微分等）中，故被称为集成运算放大电路，简称集成运放。

集成运算放大电路具有以下几个特点：①电路元件制作在一个很小的芯片（面积为零点几至几平方毫米）上，元件参数偏差及温度变化一致性好，

容易制成特性和参数相同的元件。②集成电路中电阻元件由硅半导体的体电阻构成，不能制造大电阻，范围通常在几十欧至20千欧，高阻值动态电阻用三极管有源元件代替或引出电极外接高阻值电阻。③集成电路中只能制造几十皮法以下小电容，常用PN结电容构成，不能制造大电容，故采用直接耦合方式。④为制造方便，二极管一般用三极管的发射结构成。⑤为使电路性能优良，尽可能采用对称结构的电路。

一、集成运算放大电路的应用

集成运算放大电路的应用非常广泛，下面从其在信号运算、信号处理等方面的应用进行介绍。

运算放大电路能完成比例、加减、积分与微分及乘除等运算。

（一）反相比例器

输入信号u_i经输入端电阻R送到反相输入端，而同相输入端通过电阻R_B接"地"。反馈电阻R_F接在输出端和反相输入端之间。

根据运算放大器的线性工作条件可得：

$$u_- = 0$$

又因为：

$$i = \frac{u_i - u_-}{R} = \frac{u_i - 0}{R} = \frac{u_i}{R}$$

$$i_F = \frac{u_- - u_0}{R_F} = \frac{0 - u_0}{R_F} = -\frac{u_0}{R_F}$$

由于"虚短"，理想运放的输入电流为0，即$i_- = 0$，则：

$$i = \frac{u_i}{R} = i_F = -\frac{u_0}{R_F}$$

由此可得：

$$u_o = -\frac{R_F}{R} u_i$$

由此可见，可以通过改变电阻 R、R_F 的大小，从而使得电路的比例系数发生改变。该电路正是一个由运放构成的反相比例器。

闭环电压放大倍数则为：

$$A_{uf} = -\frac{R_F}{R}$$

（二）同相比例器

根据运算放大器工作在线性区的条件：

$$u_- \approx u_+ = u_i$$

$$i_i \approx i_F$$

可列出：

$$i_i = -\frac{u_-}{R} = -\frac{u_i}{R}$$

由此得出：

$$u_o = \left(1 + \frac{R_F}{R}\right) u_i$$

闭环电压放大倍数为：

$$A_{uf} = \frac{u_o}{u_i} = 1 + \frac{R_F}{R}$$

（三）加法器

$$i_3 = \frac{u_{i_3} - 0}{R_3} = \frac{u_{i_3}}{R_3}$$

$$i_2 = \frac{u_{i_2} - 0}{R_2} = \frac{u_{i_2}}{R_2}$$

$$i_1 = \frac{u_{i_1} - 0}{R_1} = \frac{u_{i_1}}{R_1}$$

$$i_F = \frac{0 - u_0}{R_F} = -\frac{u_0}{R_F}$$

根据KCL方程，有：

$$i_F = i_1 + i_2 + i_3$$

所以：

$$u_0 = -R_F \left(\frac{u_{i_1}}{R_1} + \frac{u_{i_2}}{R_2} + \frac{u_{i_3}}{R_3} \right)$$

由此可见，当 $R_1 = R_2 = R_3 = R_F$ 时，$u_0 = -(u_{i_1} + u_{i_2} + u_{i_3})$。该电路正是一个由运放构成的反相加法器。

（四）减法运算器

$$u_- = u_{i_1} - R_1 i_1 = u_{i_1} - \frac{R_1}{R_1 + R_F}(u_{i_1} - u_o)$$

$$u_+ = \frac{R_3}{R_2 + R_3} u_{i_2}$$

由于 $u_- \approx u_+$，故由以上两式可得出：

$$u_o = \left(1 + \frac{R_F}{R_1}\right) \frac{R_3}{R_2 + R_3} u_{i_2} - \frac{R_F}{R_1} u_{i_1}$$

当 $R_1 = R_2$ 和 $R_F = R_3$ 时，上式为：

$$u_o = \frac{R_F}{R_1}(u_{i_2} - u_{i_1})$$

当 $R_F = R_1$ 时，则得：

$$u_o = u_{i_2} - u_{i_1}$$

由上两式可见，输出电压 u_o 与两个输入电压的差值成正比，故可进行减法运算。

电压的放大倍数为：

$$A_{uf} = \frac{u_o}{u_{i_2} - u_{i_1}} = \frac{R_F}{R_1}$$

二、集成运算放大电路在汽车电路中的应用

本章前面介绍了集成运算放大电路的基本构成、工作原理及其应用，下

面将介绍其在汽车电路上的应用。集成运算放大电路的工作区域可分为线性放大区和饱和非线性区。集成运算放大电路工作在线性区域时，其主要作用是将微弱的信号进行放大；反之，如果它工作在饱和区域，主要的作用是构成各种比较器。

（一）集成运算放大电路工作于线性区

1. 电桥信号放大电路

如果需要对温度、压力或形变等进行检测，可采用电桥信号放大电路。

当传感器的阻值没有变化时，即$\Delta R=0$时，电桥平衡，电路输出电压$u_o=0$；当传感器因温度、压力或其他变化而使传感元件的电阻值发生变化时，电桥就失去平衡，变化量变成了电信号而产生输出电压u_o，输出电压u_o一般很小，需要经过放大器进行放大。

在汽车电喷发动机中，用来测量进气量的进气压力传感器就是由压敏电阻和集成运算放大电路制成的。这种传感器被美国通用汽车公司、日本丰田汽车公司等汽车公司广泛采用，捷达轿车也采用了该传感器。

该传感器有一个通气口与进气管相通，进气压力通过该口加到压力转换元件上。压力转换元件是由4个压敏电阻构成的硅膜片。硅膜片受压变形后，电桥输出信号，压力越大，输出信号越强。

2. 光电测量电路

光电二极管、光电三极管或其他光电器件能够将光信号转变为电信号。

无光照时，光电二极管的反向电流很小。有光照时，光电二极管有光电流流过，光的照度越大，光电流越大，经过集成运算放大电路后，输出电压$u_o=iR_F$。在汽车自动空调控制系统中，用作检测日照量的传感器就是经过设置在ECU内部的上述电路进行信号放大的。

（二）集成运算放大电路工作于非线性区域

当集成运算放大电路工作在非线性饱和区时，它就构成了各种电压比较器。在汽车电路中最常见的应用是简单电压比较器、滞回电压比较器和窗口电压比较器。

在汽车ABS（电控防抱死）系统中，车轮的速度是靠轮速传感器来传递

第六章 晶体管在汽车电路中的应用

给ECU的。霍尔轮速传感器就是轮速传感器的一种，主要由与车轮或传动系统连接在一起的触发齿圈、霍尔元件、永久磁铁和电子电路等组成。

当触发齿圈随着车轮旋转时，霍尔元件上的磁场会发生周期性变化，霍尔元件就会产生毫伏级的正弦波电压。将霍尔元件产生的微弱的正弦波信号放大整形为11.5~12V的标准脉冲信号，就是通过由集成运算放大电路构成的电子电路来实现的。

第七章　数字电子电路在汽车电路中的应用

第一节　数字电子电路

一、数字电路概述

数字电路是计算机技术和各种数控、数显以及测量技术的基础。

（一）数字电路

1. 数字信号与模拟信号

模拟信号：是指在时间上和数值上都连续变化的电信号。如图7-1（a）所示。如声音、温度、压力等电信号就是模拟信号，处理模拟信号的电路称模拟电路。

数字信号：是指时间上和数值上都离散的信号。如图7-1（b）所示是一种脉冲信号。

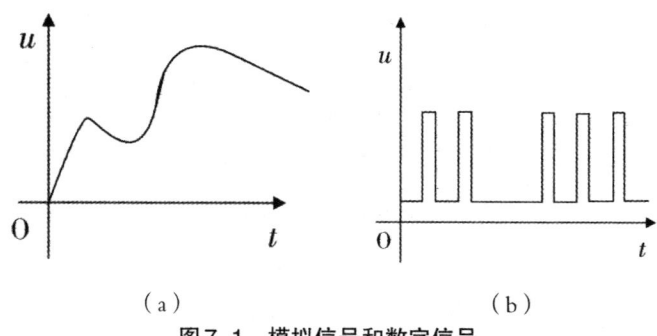

（a）　　　　　　　　　　（b）

图7-1　模拟信号和数字信号

第七章　数字电子电路在汽车电路中的应用

"0"与"1"：在电路中就是高电平与低电平两种状态的信号。处理数字信号的电路称数字电路。

2. 数字电路的特点

①数字信号简单只有0和1两个基本数字。电路结构简单，便于集成和制造，价格便宜。②数字系统工作可靠性高、抗干扰能力强。③数字电路中通过0、1表示的逻辑关系反映电路的逻辑功能。④数字电路分析使用的数学工具主要是逻辑代数。⑤数字电路具有算术运算和逻辑运算能力，可用在工业中进行各种智能化控制，减轻劳动强度，提高产品质量。⑥矩形脉冲信号作为电路的工作信号。如图7-2（a）所示。

实际的矩形脉冲前后沿都不可能达到理想脉冲那么陡峭，而是如图7-2（b）所示的形式。

(a)

(b)

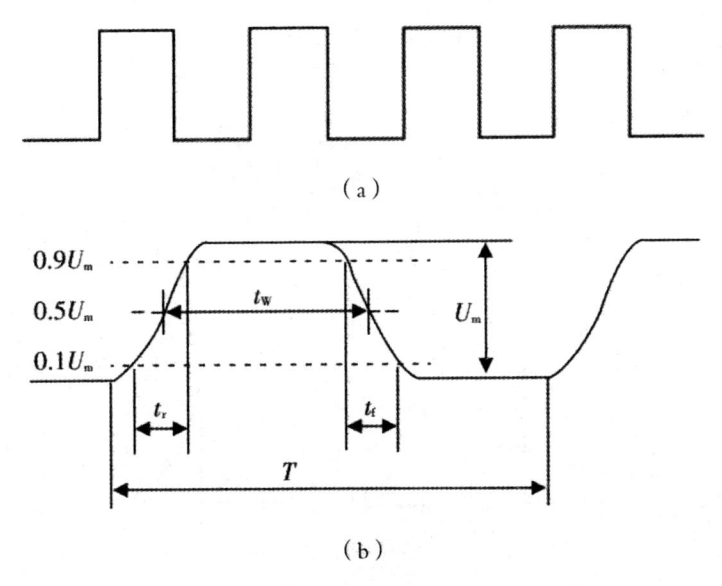

图7-2　矩形脉冲信号

正脉冲：脉冲跃变后的值比初始值高，则为正脉冲，如图7-3（a）所示。

负脉冲：脉冲跃变后的值比初始值低，则为负脉冲，如图7-3（b）所示。

尖峰波、锯齿波、阶梯波等，如图7-4所示。

（a）

（b）

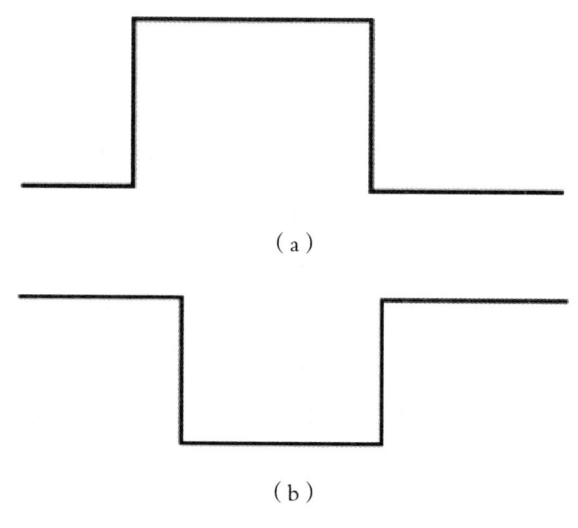

图7-3 正、负脉冲

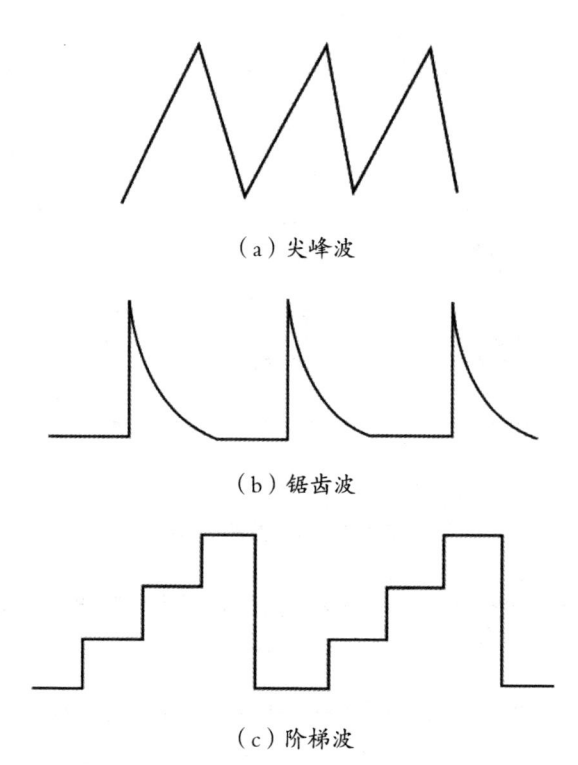

（a）尖峰波

（b）锯齿波

（c）阶梯波

图7-4 常见的脉冲波

（二）数制与码制

1. 数制

（1）十进制

十进制是用0、1、2、3、4、5、6、7、8、9十个不同数码，按一定规律排列起来表示的数。10是这个数制的基数。向高位数进位的规则是"逢十进一"，给低位借位的规则是"借一当十"，数码处于不同位置（或称数位），它所代表的数量的含义是不同的。

任意一个十进制数都可以用加权系数展开式来表示，对于有 n 位整数十进制数用加权系数展开式表示，可写为：

$$(N)_{10} = a_{n-1}a_{n-2}\ldots a_1 a_0 a_{-1} a_{-2} \ldots a_{-m}$$

$$= a_{n-1} \times 10^{n-1} + 10^{n-2} + \cdots a_0 \times 10^0 + a_{-1} \times 10^{-1} + a_{-2} \times 10^{-2} + \cdots + a_{-m} \times 10^{-m}$$

$$= \left(\sum_{i=-m}^{n-1} a_i \times 10^i \right)_{10}$$

其中：a_i——第 i 位的十进制数码；

10_i——第 i 位的位权；

$(N)_{10}$——下标10表示十进制数。

（2）二进制

二进制的数码只有两个，即0和1。其基数为2，每个数位的位权值是2的幂。计数方式遵循"逢二进一"和"借一当二"的规则。二进制数及其相应的十进制数值可写成：

$$(N)_2 = a_{n-1}a_{n-2}\ldots a_1 a_0 a_{-1} a_{-2} \ldots a_{-m}$$

$$= a_{n-1} \times 2^{n-1} + a_{n-2} \times 2^{n-2} + \cdots a_1 \times 2^{+1} + a_0 \times 2^0 + a_{-1} \times 2^{-1} + a_{-2} \times 2^{-2} + \cdots + a_{-m} \times 2^{-m}$$

$$= \left(\sum_{i=-m}^{n-1} a_i \times 2^i \right)_2$$

其中：a_i——第 i 位的十进制数码；

10_i——第 i 位的位权；

$(N)_2$——下标2表示二进制数。

（3）不同进制数制间的转换

①二进制数转换成十进制数：转换的方法是，二进制数首先写成加权系数展开式，然后按十进制加法规则求和。②十进制数转换为二进制数：转换的方法采用"除2取余，逆序排列"法。用2去除十进制整数，可以得到一个商和余数；再用2去除商，又会得到一个商和余数，如此进行，直到商为零时为止，然后把先得到的余数作为二进制数的低位有效位，后得到的余数作为二进制数的高位有效位，依次排列起来。

2．码制

（1）代码

用二进制数码来表示各种文字、符号信息，这个特定的二进制码称为代码。

（2）编码

代码与文字、符号或特定对象之间的一一对应的关系称为编码。

二-十进制码：指的是用4位二进制数来表示1位十进制数的编码方式，简称BCD码。由于4位二进制数码有0000、0001、0010、……、1111这16种不同的组合状态，若从中取出10种组合用以表示十进制数中0~9的10个数码时，其余6种组合则不使用（称为无效组合）。因此，按选取方式的不同，可以得到的只需选用其中10种组合BCD码的编码方式有很多种，见表7-1。

表7-1 常见的几种编码

十进制	有权码			无权码	
	8421码	5421码	2421码	余3码	格雷码
0	0000	0000	0000	0011	0000
1	0001	0001	0001	0100	0001
2	0010	0010	0010	0101	0011
3	0011	0011	0011	0110	0010
4	0100	0100	0100	0111	0110
5	0101	1000	1011	1000	0111
6	0110	1001	1100	1001	0101

续表

十进制	有权码			无权码	
	8421码	5421码	2421码	余3码	格雷码
7	0111	1010	1101	1010	0100
8	1000	1011	1110	1011	1100
9	1001	1100	1111	1100	1000

（三）逻辑函数的表示法

1. 逻辑函数

若输入逻辑变量 A、B、C…取值确定后，输出逻辑变量 Y 的值也随之确定，则称 Y 是 A、B、C…的逻辑函数，记作：$Y=F（A、B、C…）$。

2. 逻辑函数的表示方法

（1）逻辑关系式

把输出与输入之间的逻辑关系写成与、或、非三种运算组合起来的表达式，称为逻辑函数表达式。

（2）真值表

将输入逻辑变量的各种取值对应的输出值找出来，列成表格，称为真值表。

（3）逻辑图

将逻辑函数中各变量之间的与、或、非等逻辑关系用图形符号表示出来，就可以画出表示函数关系的逻辑图。

（4）波形图

把一个逻辑电路的输入变量的波形和输出变量的波形，依时间顺序画出来的图称为波形图。

（四）基本逻辑门电路

逻辑：是指条件与结果之间的关系。

逻辑电路：输入与输出信号之间存在一定逻辑关系的电路称为逻辑电路。

逻辑门电路：是一种具有多个输入端和一个输出端的开关电路。由于它的输出信号与输入信号之间存在着一定的逻辑关系，所以称为逻辑电路。

1. 与逻辑及与门

（1）与逻辑表达式

逻辑表达式：用代数式表示输出和输入之间的逻辑关系，称为逻辑表达式。与逻辑表达式为：

$$Y = A \cdot B = AB \quad （逻辑乘）$$

（2）与逻辑电路图

与逻辑的实物连接图及电路图见图7-5（a）和（b）所示。

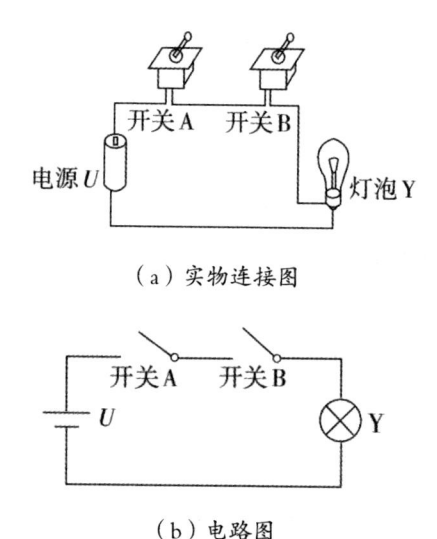

（a）实物连接图

（b）电路图

图7-5　与逻辑实例

与逻辑关系表（表7-2）、与逻辑真值表（表7-3）：

表7-2　与逻辑真值表

开关A	开关B	灯Y
断	断	灭
断	通	灭

第七章　数字电子电路在汽车电路中的应用

续表

开关A	开关B	灯Y
通	断	灭
通	通	亮

表7-3　与逻辑真值表

输入		输出
A	B	Y
0	0	0
0	1	0
1	0	0
1	1	1

（3）二极管与门及逻辑符号

与门电路如图7-6（a）所示，它是由二极管和电阻组成的。其逻辑符号如图7-6（b）所示。极管与门电路的逻辑电平表（表7-4）。

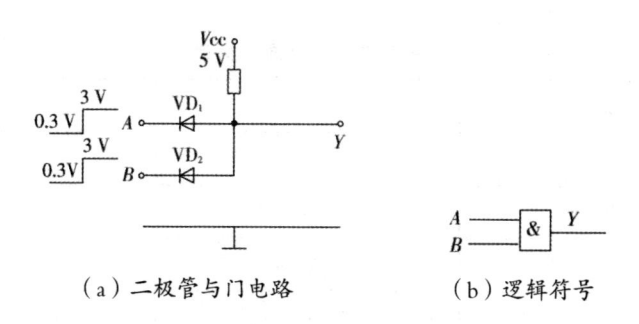

（a）二极管与门电路　　　（b）逻辑符号

图7-6　二极管与门

表7-4　极管与门电路的逻辑电平表

A/V	B/V	Y/V
0	0	0.7
0	3	0.7
3	0	0.7
3	3	3.7

2. 或逻辑及或门

（1）或逻辑表达式

或门的输出与输入之间的逻辑关系表示为：

$$Y = A + B \text{（逻辑加）}$$

（2）或逻辑电路图

或逻辑的实物连接图及电路图见图7-7（a）和（b）。

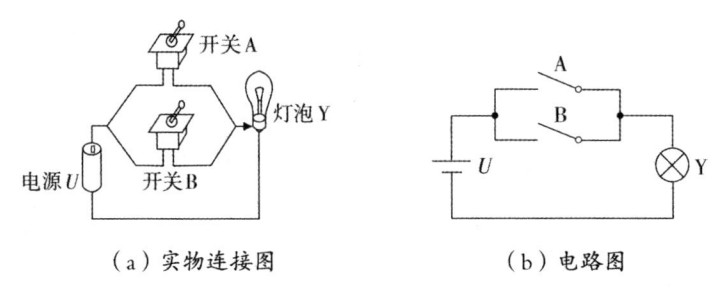

(a) 实物连接图　　　　(b) 电路图

图7-7 或逻辑例

（3）或逻辑关系表（表7-5）

表7-5 或逻辑关系表

开关A	开关B	灯Y
断	断	灭
断	通	亮
通	断	亮
通	通	亮

（4）或逻辑真值表（表7-6）

表7-6 或逻辑真值表

输入		输出
A	B	Y
0	0	0
0	1	1

续表

输入		输出
1	0	1
1	1	1

（5）二极管或门及逻辑符号

二级管或门的连接图如图7-8（a）所示，它也是由二极管和电阻组成的。其逻辑符号如图7-8（b）所示。二极管或门电路的逻辑电平表见表7-7。极管或门电路的真值表见表7-8。

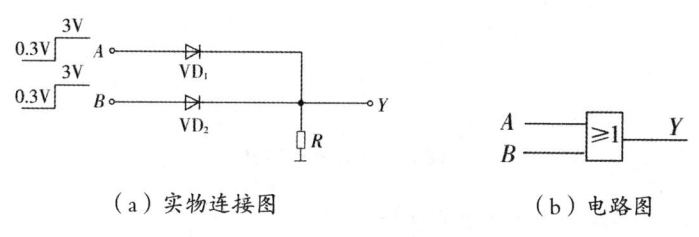

（a）实物连接图　　　（b）电路图

图7-8　或逻辑实例

表7-7　二极管或门电路的逻辑电平表

0	0	0
0	3	2.3
3	0	2.3
3	3	2.3

表7-8　极管或门电路的真值表

输入		输出
A	B	Y
0	0	0
0	1	1
1	0	1
1	1	1

3. 非逻辑及非门

（1）非逻辑表达式

非逻辑的输出与输入之间的逻辑关系表达式为：

$$Y = \overline{A}$$

（2）非逻辑电路图

非逻辑的实物连接图及电路图见图7-9（a）、（b）所示。

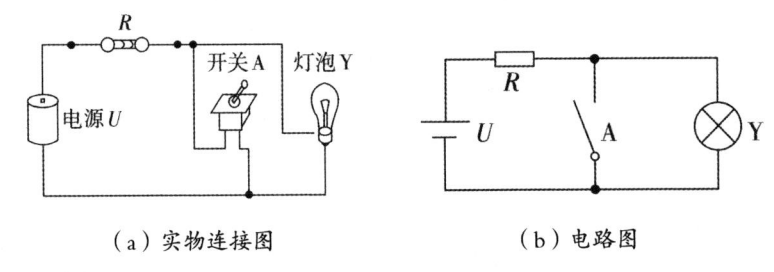

（a）实物连接图　　　　　　　（b）电路图

图7-9　非逻辑实例

（3）非逻辑关系表（表7-9）

表7-9　非逻辑关系表

开关A	灯Y
断	亮
通	灭

（4）非逻辑真值表（表7-10）

表7-10　非逻辑真值表

输入	输出
A	Y
0	1
1	0

（5）三极管非门

图7-10（a）所示为三极管开关电路。其逻辑符号如较7-10（b）所示。

第七章　数字电子电路在汽车电路中的应用

（a）

（b）

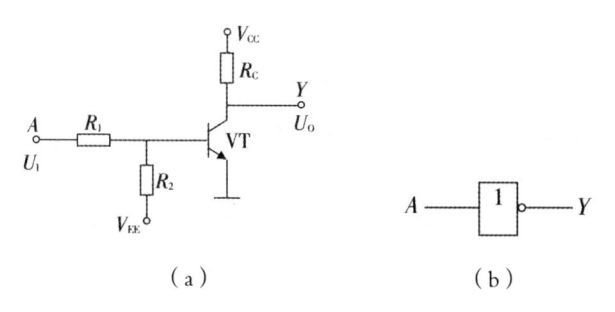

图7-10　三极管非门

（五）常用的复合逻辑关系

1. 与非逻辑

与非逻辑是由一个与逻辑和一个非逻辑直接构成。

图7-11所示与非逻辑结构及图形符号。

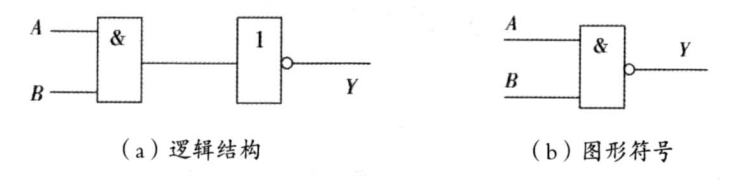

（a）逻辑结构　　　　　　　　（b）图形符号

图7-11　与非逻辑结构及图形符号

（1）"与非"逻辑表达为：

$$Y = \overline{AB}$$

（2）"与非"逻辑真值见表7-11：

表7-11　"与非"逻辑真值表

输入		输出
A	B	Y
0	0	0
0	1	1
1	0	1
1	1	0

2. 或非逻辑

或逻辑和一个非逻辑连接起来就可以构成一个或非逻辑。如图7-12所示或非门的逻辑结构及图形符号。

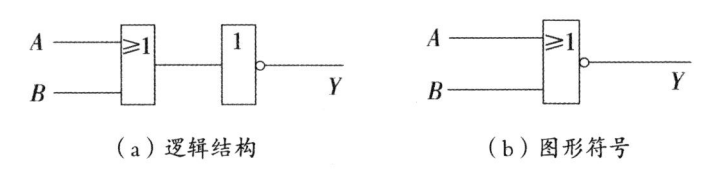

(a) 逻辑结构　　　　(b) 图形符号

图7-12　与非门逻辑结构及图形符号

(1) 或非门的逻辑表达式为：

$$Y = \overline{A + B}$$

(2) 或非门的逻辑真值见表7-12：

表7-12　或非门的逻辑真值表

A	B	Y
0	0	0
0	1	1
1	0	1
1	1	0

3. 与或非逻辑

与或非逻辑是由两个与门和一个或门及一个非门逻辑直接构成。与或非门的逻辑结构及逻辑符号如图7-13所示。

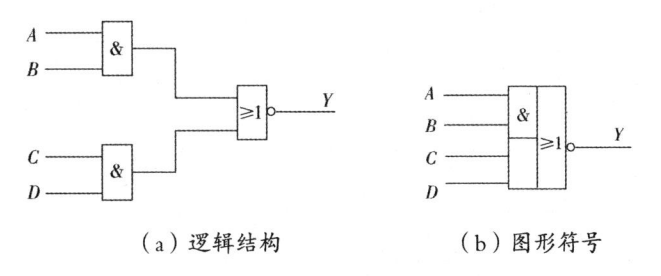

(a) 逻辑结构　　　　(b) 图形符号

图7-13　与或非门逻辑结构及图形符号

第七章 数字电子电路在汽车电路中的应用

（1）与或非门逻辑表达式为：

$$Y = \overline{AB + CD}$$

（2）与或非门逻辑真值见表7-13：

表7-13　与或非门逻辑真值表

输入				输出
A	B	C	D	Y
0	0	0	0	1
0	0	0	1	1
0	0	1	0	1
0	0	1	1	0
0	1	0	0	1
0	1	0	1	1
0	1	1	0	1
0	1	1	1	0
1	0	0	0	1
1	0	0	1	1
1	0	1	0	1
1	0	1	1	0
1	1	0	0	0
1	1	0	1	0
1	1	1	0	0
1	1	1	1	0

（六）TTL集成逻辑门电路

TTL集成逻辑门电路的输入和输出结构均采用半导体三极管，所以称晶体管—晶体管逻辑门电路，简称TTL电路。

1. TTL集成逻辑门

（1）与非门

TTL集成与非门组成：电路由输入级、中间级和输出级等部分组成。

图7-14（a）所示为TTL与非门的工作原理图，图7-14（b）为其逻辑符号。

（2）常用的集成与非门如图7-15所示。

2. 与门

如图7-16所示为三3输入与门的管脚排列图。

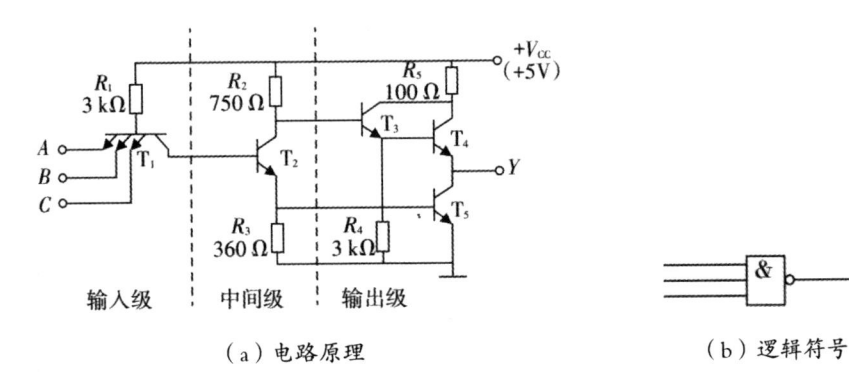

（a）电路原理　　　　　　　　　（b）逻辑符号

图7-14　TTL与非门

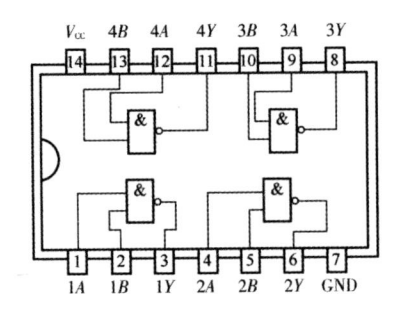

（a）输入端与非门

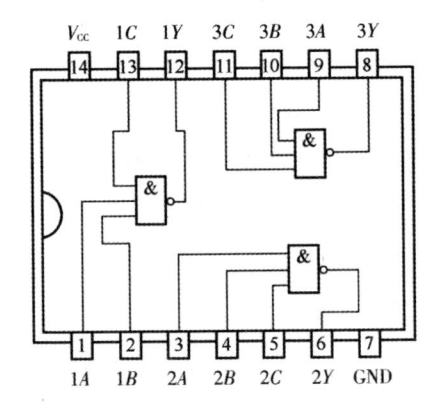

（b）三输入端与非门

图7-15　与非门的管脚排列

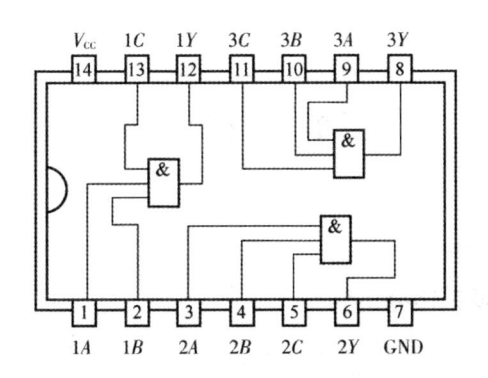

图7-16 三3输入与门的管脚排列图

3．非门

图7-17所示为六反相器（非门）的管脚排列图。

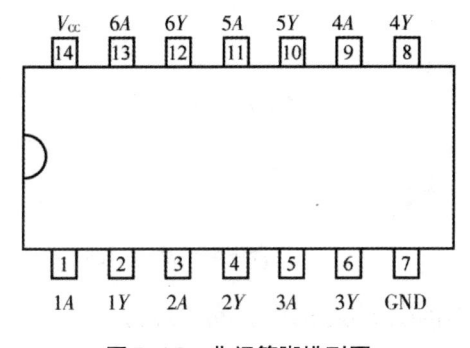

图7-17 非门管脚排列图

4．或非门

图7-18所示为四2输入或非门的管脚排列图。

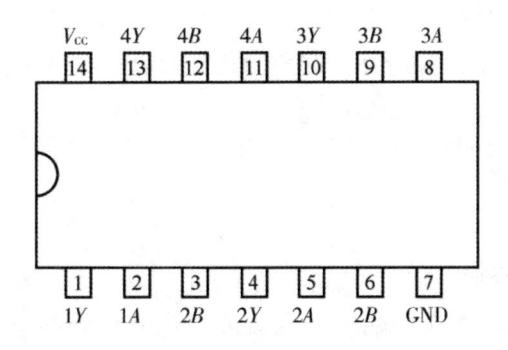

图7-18 四2输入或非门的管脚排列图

第二节　逻辑门电路

一、组合逻辑电路

（一）组合逻辑电路的特点

特点：电路在任一时刻的输出状态只取决于该时刻的输入状态，而与前一时刻的输出状态无关。

设某组合逻辑电路的多端输入信号为 X_1、X_2、X_3、$...X_n$，输出信号为 Y_1、Y_2、Y_3、$...Y_m$，该组合逻辑电路的方框图如图7-19所示。

图7-19　组合逻辑电路方框图

（二）组合逻辑电路的逻辑功能描述及分类

1. 逻辑功能描述

组合电路逻辑函数的几种方法——真值表、逻辑表达式、时序图和逻辑图等，都可以用来表示组合电路的逻辑功能。

2. 组合电路的分类

按照逻辑功能特点的不同划分，组合电路分为加编码器、译码器、数据选择器和分配器等。按照使用基本开关元件的不同划分，组合电路又分为CMOS、TTL等类型。

（1）编码器

①二进制编码器

将各种有特定意义的输入信息编成二进制代码的电路称为二进制编码器。

图7-20为3位二进制编码器示意图。3位二进制编码器真值表见表7-14。

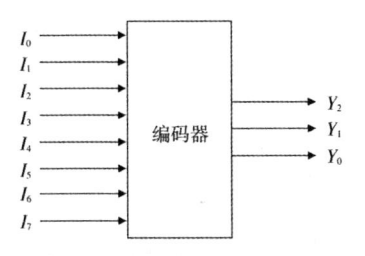

图7-20　3位二进制编码器示意图

表7-14　3位二进制编码器真值表

十进制	输入变量 $I_7I_6I_5I_4I_3I_2I_1I_0$	输出 $Y_2Y_1Y_0$
0	00000001	000
1	00000010	001
2	00000100	010
3	00001000	011
4	00010000	100
5	00100000	101
6	01000000	110
7	10000000	111

从真值表可以写出逻辑函数表达式：

$$Y_0 = I_1 + I_3 + I_5 + I_7$$

$$Y_1 = I_2 + I_3 + I_6 + I_7$$

$$Y_0 = I_1 + I_3 + I_5 + I_7$$

根据逻辑表画出由3个或门组成的3位二进制编码器，如图7-21所示。

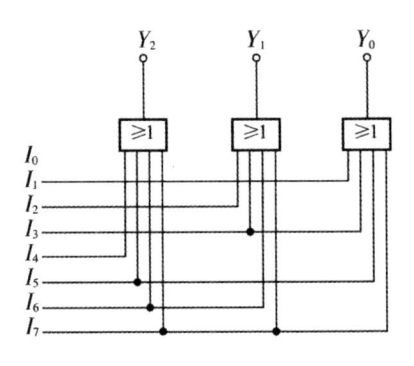

图7-21 3位二进制编码器逻辑

②二-十进制编码器

二-十进制编码器：将0～9十个十进制数编成二进制代码的电路，叫作二-十进制编码器，也称为10线-4线编码器。I_0、I_1、…I_7、…I_9表示10路输入，Y_0、Y_1、Y_2、Y_3作为4条输出线。

（2）译码器

译码器是一种能把二进制代码转换成特定信息的电路系统；它将给定的数码"翻译"为相应的状态，并使输出通道中相应的一路有信号输出，用以控制其他部件或驱动数码显示器工作。

译码器分类：按输出端功能的区别，译码器可分为二进制译码器和显示译码器两种。

①二进制译码器

用以表示输入变量的状态，如2线-4线、3线-8线和4线-16线译码器。若有n个输入变量，则有$2n$个不同的组合状态，就有$2n$个输出端供其使用。

以3线-8线译码器74LS138为例：图7-22（a）、(b)分别为其逻辑图及引脚排列。其中A_2、A_1、A_0为地址输入端，S_1、S_2、S_3为使能端。其功能见表7-15。

第七章　数字电子电路在汽车电路中的应用

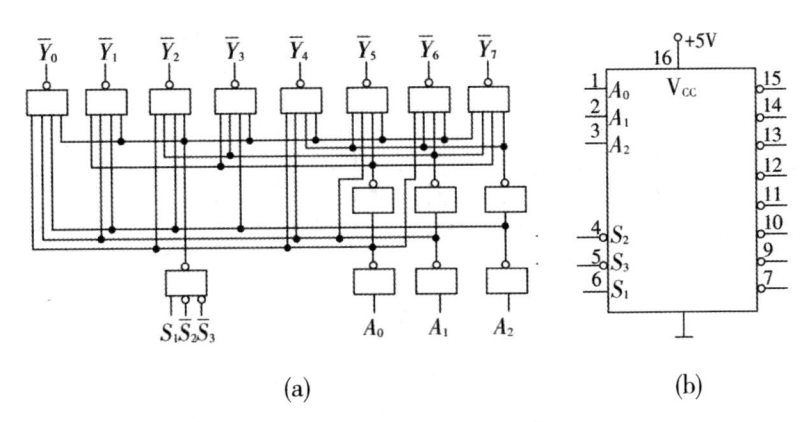

图7-22　3线-8线译码器74LS138逻辑图

表7-15　译码器74LS138功能表

输入					输出							
S_1	$\bar{S}_2+\bar{S}_3$	A_2	A_1	A_0	$\bar{Y}_0$	$\bar{Y}_1$	$\bar{Y}_2$	$\bar{Y}_3$	$\bar{Y}_4$	$\bar{Y}_5$	$\bar{Y}_6$	$\bar{Y}_7$
1	0	0	1	0	1	1	0	1	1	1	1	1
1	0	0	1	1	1	1	1	0	1	1	1	1
1	0	0	1	0	1	1	0	1	1	1	1	1
1	0	0	1	1	1	1	1	0	1	1	1	1
1	0	1	0	0	1	1	1	1	0	1	1	1
1	0	1	0	1	1	1	1	1	1	0	1	1
1	0	1	1	0	1	1	1	1	1	1	0	1
1	0	1	1	1	1	1	1	1	1	1	1	0
0	x	x	x	x	1	1	1	1	1	1	1	1
x	1	x	x	x	1	1	1	1	1	1	1	1

②数码显示译码器

数码显示译码器就是把已有编码"翻译"成高、低电平，然后通过数码显示器呈现数码或字符的逻辑电路。七段半导体数码显示器，是由7个发光二级管排列成的数码显示器，是目前数字电路中最常用的显示器件，如图7-23所示。7个发光二极管分别用a、b、c、d、e、f、g这7个字母代表，按一定的形式排列成"日"字形。通过字段的不同组合，可显0~9十个数字。

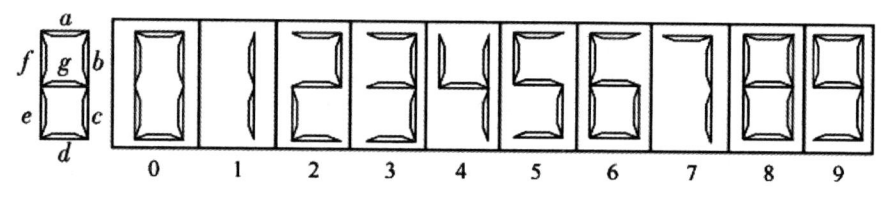

图7-23 七段显示数字图

七段半导体数码显示器连接方式：供阴极接法与供阳极接法。共阴极接法如图7-24（a）所示，共阳极接法如图7-24（b）所示，图7-24（c）为两种不同出线形式的引出脚功能图。

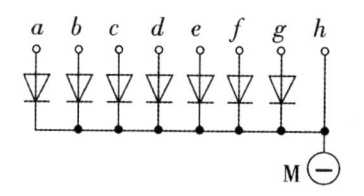

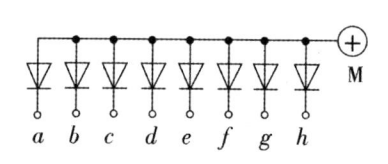

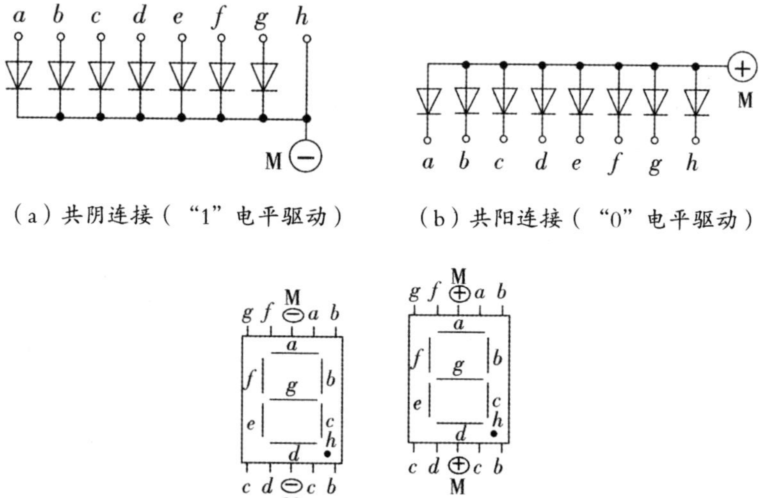

（a）共阴连接（"1"电平驱动）　（b）共阳连接（"0"电平驱动）

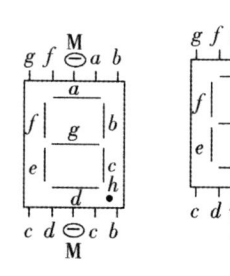

（c）符号及引脚功能

图7-24 LED数码管

七段译码驱动电路框图如图7-25所示：

图7-25 七段译码驱动电路框图

第七章 数字电子电路在汽车电路中的应用

LED数码管引脚排列与功能表：图7-26为CC4511引脚排列；表7-16为CC4511功能表。

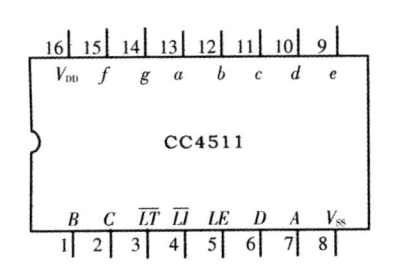

图7-26 CC4511引脚排列

表7-16 CC4511功能表

输入							输出							显示字形
LE	$\overline{BI}$	$\overline{LT}$	D	C	B	A	a	b	c	d	e	f	g	
x	x	0	x	x	x	x	1	1	1	1	1	1	1	8
x	0	1	x	x	x	x	0	0	0	0	0	0	0	消隐
0	1	1	0	0	0	0	1	1	1	1	1	1	0	0
0	1	1	0	0	0	1	0	1	1	0	0	0	0	1
0	1	1	0	0	1	0	1	1	0	1	1	0	1	2
0	1	1	0	0	1	1	1	1	1	1	0	0	1	3
0	1	1	0	1	0	0	0	1	1	0	0	1	1	4
0	1	1	0	1	0	1	1	0	1	1	0	1	1	5
0	1	1	0	1	1	0	0	0	1	1	1	1	1	6
0	1	1	0	1	1	1	1	1	1	0	0	0	0	7
0	1	1	1	0	0	0	1	1	1	1	1	1	1	8
0	1	1	1	0	0	1	1	1	1	0	0	1	1	9
0	1	1	1	0	1	0	0	0	0	0	0	0	0	消隐
0	1	1	1	0	1	1	0	0	0	0	0	0	0	消隐
0	1	1	1	1	0	0	0	0	0	0	0	0	0	消隐
0	1	1	1	1	0	1	0	0	0	0	0	0	0	消隐
0	1	1	1	1	1	0	0	0	0	0	0	0	0	消隐
0	1	1	1	1	1	1	0	0	0	0	0	0	0	消隐
1	1	1	x	x	x	x	锁存							锁存

（3）数据分配器和数据选择器

①数据选择器

数据选择器（MUX）：其功能是能从多个数据通道中，按要求选择其中某一个通道的数据，并传送到输出通道中。

常用的产品：双4选1数据选辑择器（74LS153）、8选1数据选择器（74LS151）、16选1数据选择器（74LS150）等。图7-27所示为中规模双4选1数据选择器74LS253的逻辑符号框图，其功能见表7-17。

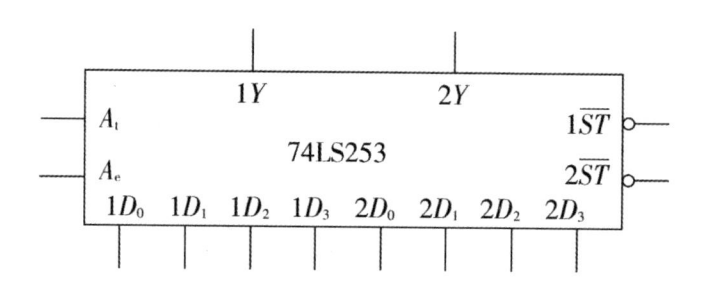

图7-27 数据选择器74LS253逻辑符号框

表7-17 74LS253功能表

输入				输出
选通	地址		数据	
$\overline{ST}$	A_1	A_0	D	Y
1	x	x	X	Z
0	0	0	$D_0 \sim D_3$	D_0
0	0	1	$D_0 \sim D_3$	D_1
0	1	0	$D_0 \sim D_3$	D_3
0	1	1	$D_0 \sim D_3$	D_2

输出端Y的逻辑表达式分别为：

$$1Y = 1D_0 \overline{A}_1 \overline{A}_0 + 1D_1 \overline{A}_1 A_0 + 1D_2 A_1 \overline{A}_0 + 1D_3 A_1 A_0$$

$$2Y = 2D_0 \overline{A}_1 \overline{A}_0 + 2D_1 \overline{A}_1 A_0 + 2D_2 A_1 \overline{A}_0 + 2D_3 A_1 A_0$$

②数据分配器

数据分配器（DMUX）：其作用与多路选择器相反，它可以把一个通道中传来的信息，按地址分配到不同的数据通道中去。

第三节　触发器的分析与运用

一、触发器概述

触发器具有两个稳定状态，用以表示逻辑状态"1"和"0"，在一定的外界信号作用下，可以从一个稳定状态翻转到另一个稳定状态，它是一个具有记忆功能的二进制信息存贮器件，是构成各种时序电路的最基本逻辑单元。

（一）RS触发器

1. 基本RS触发器

它由两个与非门交叉连接而成，其电路结构如图7-28（a）所示。其中：$\overline{R}_D, \overline{S}_D$ 为两个输入端，$\overline{Q}$ 和 Q 为两个输出端。其逻辑符号如图7-28（b）所示。基本RS触发器的状态表（表7-18）。

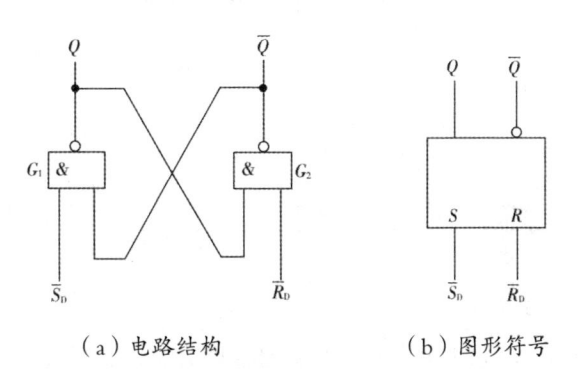

（a）电路结构　　　　（b）图形符号

图7-28　与非门构成的基本RS触发器

表7-18 基本RS触发器的状态表

$\bar{S}_D$	$\bar{R}_D$	Q	$\bar{Q}$	逻辑功能
0	1	1	0	置1
1	0	0	1	置0
1	1	不变	不变	保持
0	0	不定	不定	禁用

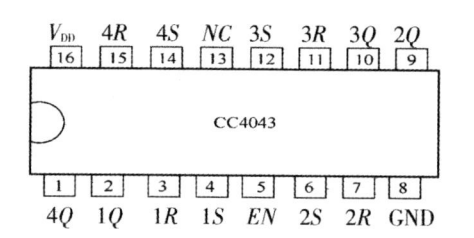

2. 集成基本RS触发器

集成基本RS触发器是由4个基本RS触发器组成的集成电路，例如CC4043，其引脚排列如图7-29所示，功能如表7-19所示。

图7-29 集成基本RS触发

表7-19 CC4043功能表

S	R	EN	Q
x	x	0	高阻Q^n（原态）
0	0	1	Q^n（原态）
0	1	1	0
1	0	1	1
1	1	1	禁用

3. 同步RS触发器

同步触发器：把受时钟控制的触发器统称为时钟触发器或同步触发器。

同步RS触发器：电路结构图和图形符号如图7-30（a）、（b）所示，其中与非门C、D构成导引电路，与非门A和B构成基本RS触发器。同步RS触发器特性见表7-20。

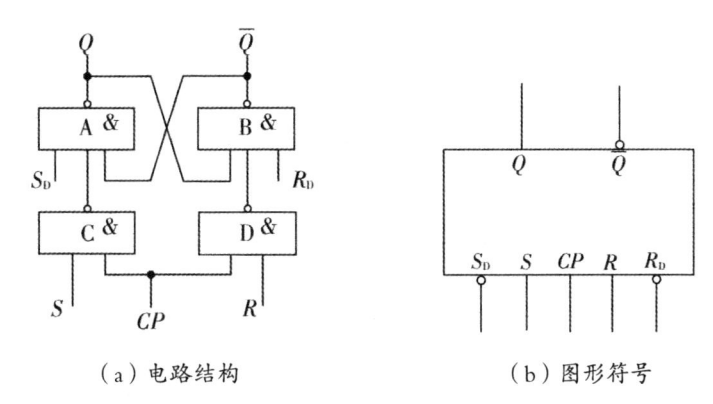

第七章　数字电子电路在汽车电路中的应用

（a）电路结构　　　　　　　（b）图形符号

图7-30　同步RS触发器

表7-20　同步RS触发器特性表

			0	0	保持
0	x	x	1	1	
1	0	0	0	0	保持
			1	1	
1	0	1	0	1	置1
			1	1	
1	1	0	0	0	置0
			1	0	
1	1	1	0	X	不定
			1	X	

（二）JK触发器

1. 主从JK触发器

主从JK触发器由两个同步RS触发器组成，前级为主触发器，后级为从触发器。主从JK触发器电路结构和图形符号如图7-31（a）、（b）所示。主从JK触发器逻辑功能见表7-21。

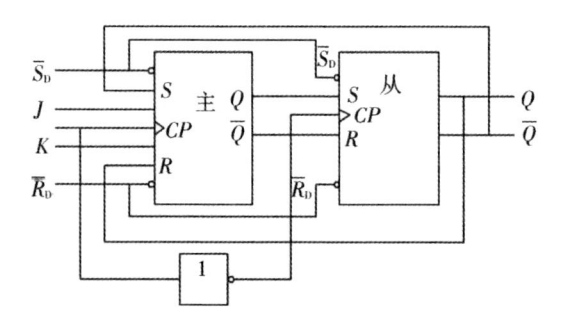

（a）图形符号

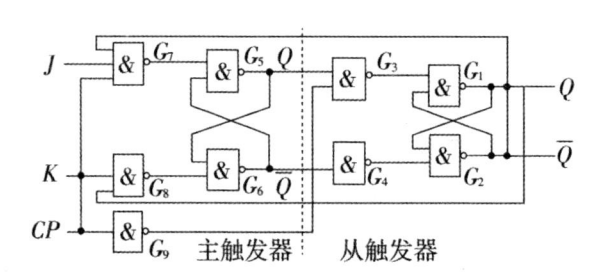

（b）电路结构

图7-31　主从JK触发器图形符号

表7-21　主从JK触发器逻辑功能

J	K	Q^n	Q^{n-1}	功能
0	0	0	0	保持
		1	1	
0	1	0	0	置0
		1	0	
1	0	0	1	置1
		1	1	
1	1	0	1	翻转
		1	0	

主从JK触发器的特性方程为：

$$Q^{n+1} = JQ^n + KQ^n$$

2. 边沿触发的JK触发器

边沿触发的JK触发器：图形符号见图7-32，在符号图中，如CP一端标有"∧"和小圆圈，表示脉冲下降沿有效；如CP一端只标有"∧"，而没有小圆圈，则表示脉冲上升沿有效。

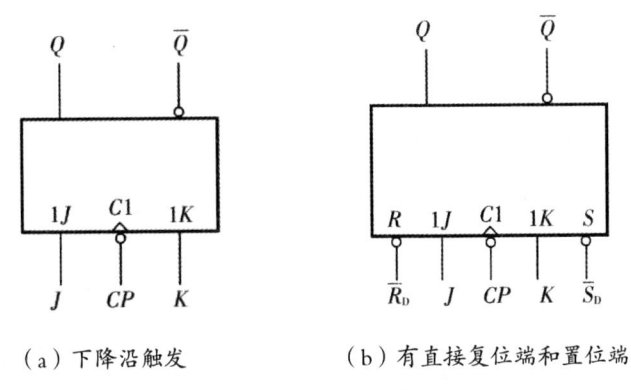

(a) 下降沿触发　　　(b) 有直接复位端和置位端

图7-32　下降沿触发JK触发器图形符号

(三) D触发器

1. 同步D触发器

同步D触发器的图形符号如图7-33所示。同步D触发器逻辑功能见表7-22。

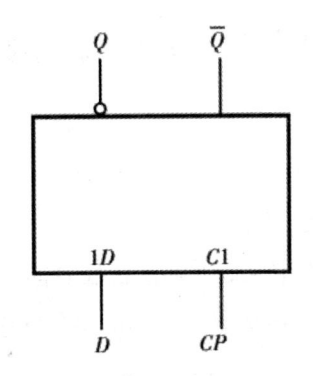

图7-33　同步D触发器图形符号

特性方程：

$$Q^{n+1} = D^n$$

表7-22　同步D触发器逻辑功能表

0	0	0	置0
	1		
1	0	1	置1
	1		

2. 边沿触发的D触发器

D触发器图形符号如图7-34。

（a）CP脉冲上升沿有效　　（b）CP脉冲下降沿有效

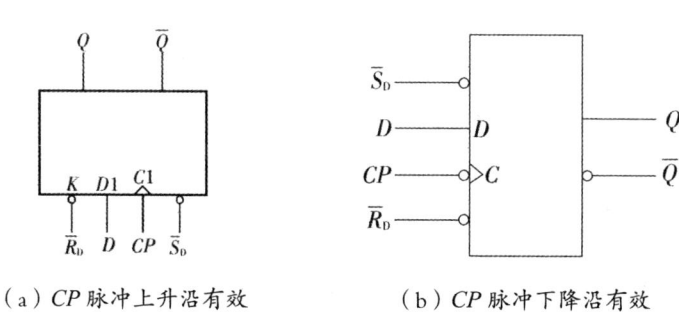

图7-34　D触发器图形符号

第四节　时序逻辑电路

一、时序逻辑电路

（一）时序逻辑电路结构

时序逻辑电路结构如图7-35所示，在任意时刻，电路的输出状态不仅取决于该时刻的输入状态，还与前一时刻电路的状态有关。

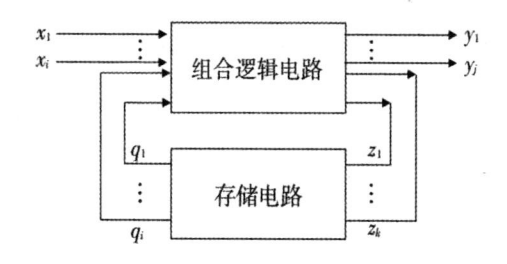

图7-35　时序逻辑电路的结构

(二)时序逻辑电路特点

第一,时序电路通常包含存储电路和组合电路两个部分。

第二,存储电路的输出状态必须反馈到组合电路的输入端,与输入信号一起,共同决定组合电路的输出。

(三)时序逻辑电路分类

同步时序电路:所有触发器状态的变化都在同一时钟信号操作下同时发生。

异步时序电路:触发器状态的触发器状态不是同时发生的。

(四)计数器

计数器是一个用以实现计数功能的时序部件,它是一种记忆系统,它不仅可用来计脉冲数,还常用作数字系统的定时、分频和执行数字运算以及其他特定的逻辑功能。

1. 异步计数器

(1) 异步二进制加法计数器

是用四个主从 JK 触发器组成的四位二进制加法计数器,其逻辑图如图7-36所示。JK 四位二进制加法计数器状态见表7-23。

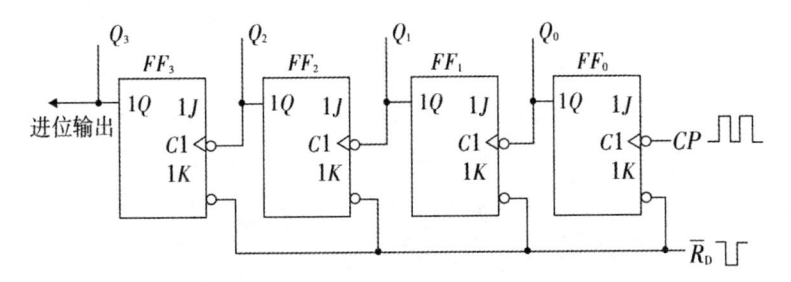

图7-36 JK 触发器组成的异步二进制四位加法计数器

表7-23 JK 四位二进制加法计数器状态表

输入脉冲序号	Q_3	Q_2	Q_1	Q_0
0	0	0	0	0
1	0	0	0	1
2	0	0	1	0

续表

输入脉冲序号	Q_3	Q_2	Q_1	Q_0
3	0	0	1	1
4	0	1	0	0
5	0	1	0	1
6	0	1	1	0
7	0	1	1	1
8	1	0	0	0
9	1	0	0	1
10	1	0	1	0
11	1	0	1	1
12	1	1	0	0
13	1	1	0	1
14	1	1	1	0
15	1	1	1	1

各级触发器的状态可用波形如图7-37所示。图中每个触发器状态波形的频率为其相邻低位触发器状态波形频率的二分之一，即对输入脉冲进行二分频。所以，相对于计数输入脉冲而言（图7-36），FF_0、FF_1、FF_2、FF_3的输出脉冲分别是二分频、四分频、八分频、十六分频，由此可见N位二进制计数器具有2N分频功能，可作分频器使用。

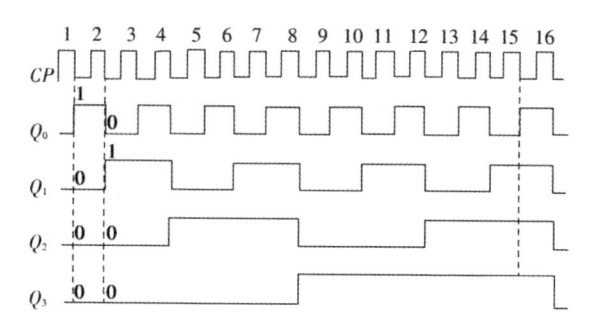

图7-37 异步二进制四位加法计数器各级触发器的波形

（2）异步二进制减法计数器

三位异步二进制减法计数器如图7-38所示。三位异步二进制减法计数器状态转换真值见表7-24。

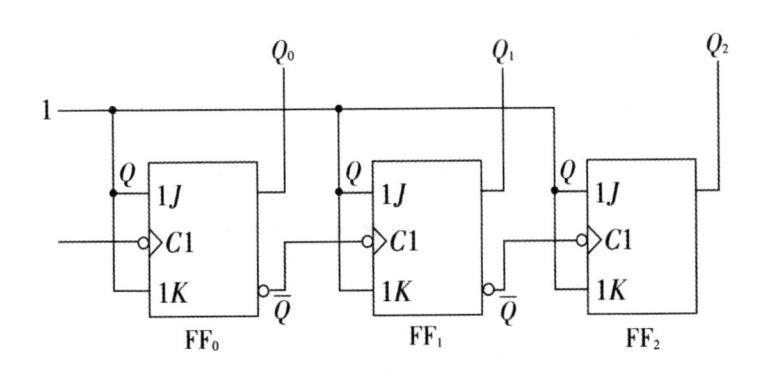

图7-38　三位异步二进制减法计数器

表7-24　三位异步二进制减法计数器状态转换真值表

CP	$Q_2^n Q_2^n Q_0^n$	$Q_2^{n+1} Q_2^{n+1} Q_0^{n+1}$
1	000	111
2	111	110
3	110	101
4	101	100
5	100	011
6	011	010
7	010	001
8	001	000

2. 同步十进制加法计数器

同步十进制加法计数器：第十个计数脉冲来到后，计数器返回0000状态，完成一次十进制计数循环。如图7-39所示。同步十进制加法计数器状态见表7-25。

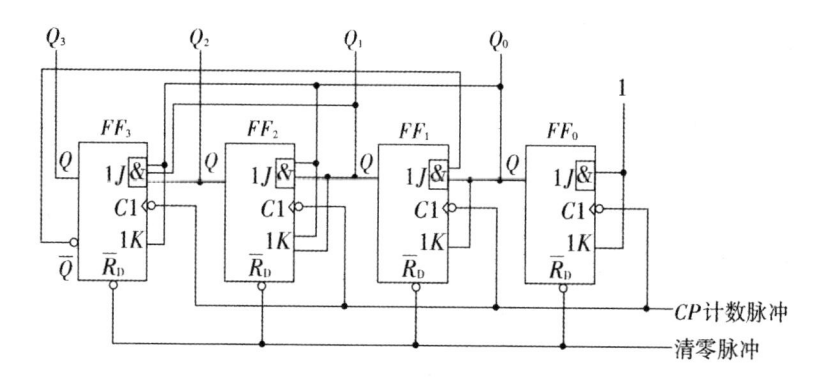

图7-39 同步十进制加法计数器

表7-25 同步十进制加法计数器状态表

CP	$Q_3^n Q_2^n Q_1^n Q_0^n$	$Q_3^{n+1} Q_2^{n+1} Q_1^{n+1} Q_0^{n+1}$	十进制数
0	0000	0000	0
1	0000	0001	1
2	0001	0010	2
3	0010	0011	3
4	0011	0100	4
5	0100	0101	5
6	0101	0110	6
7	0110	0111	7
8	0111	1000	8
9	1000	1001	9
10	1001	0000	0

（五）寄存器

1. 寄存器的概念

将二进制数码指令或数据暂时存储起来的操作称为寄存，具有寄存功能的电路称为寄存器。

2. 数码寄存器

仅具有接收、存储和消除原来所存数码功能的寄存器称为数码寄存器。

图7-40所示为四个 D 触发器组成的四位数码寄存器。

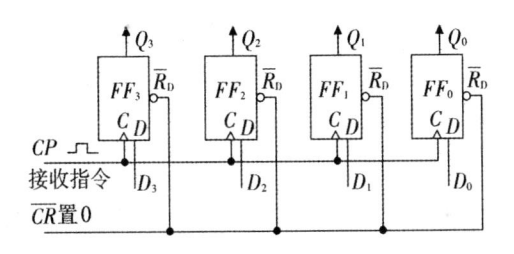

图7-40　四位数码寄存器

（六）555电路

1. 555电路的工作原理

555电路组成：电路方框图和引脚排列如图7-41（a）、（b）所示。它含有两个电压比较器、一个基本RS触发器、一个放电开关管T，比较器的参考电压由3只5 kΩ的电阻器构成的分压器提供。

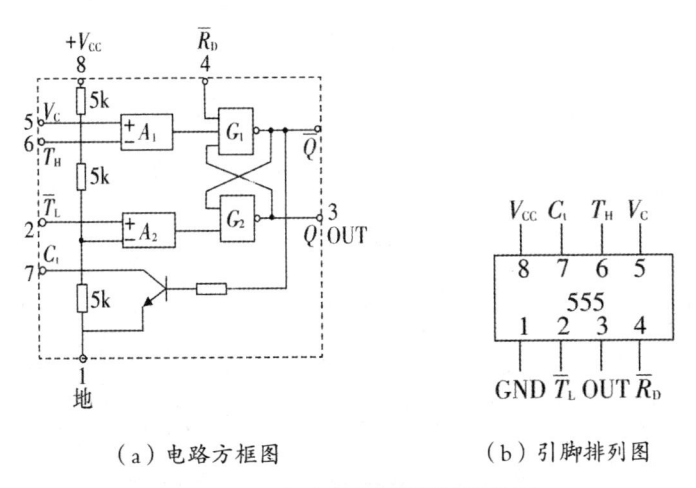

图7-41　555电路内部框图及引脚排列

2. 555电路的典型应用

（1）构成单稳态触发器。

图7-42（a）为由555电路和外接定时元件R、C构成的单稳态触发器。

单稳态触发器工作原理：当有一个外部负脉冲触发信号经C_1加到2端，并使2端电位瞬时低于0，低电平比较器动作，单稳态电路即开始一个暂态过程，电容C开始充电，V_c按指数规律增长。当V_c充电到号$\frac{2}{3}V_{oc}$时，高电平比较器动作，比较器翻转，输出V_o从高电平返回低电平，放电开关管重新导通，电容C上的电荷很快经放电开关管放电，暂态结束，恢复稳态，为下个触发脉冲的来到做好准备。其波形图如图7-42（b）所示。

（a）

（b）

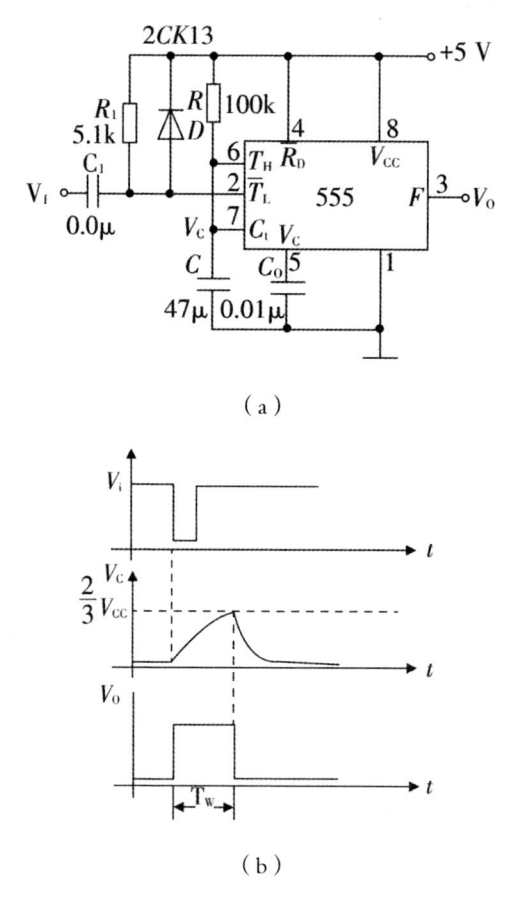

图7-42 单稳态触发器

（2）构成多谐振荡器

如图7-43（a）所示，由555电路和外接元件R1、R2 C构成多谐振荡器，脚2与脚6直接相连。电路没有稳态，仅存在两个暂稳态，电路亦不需

第七章　数字电子电路在汽车电路中的应用

要外加触发信号，利用电源通过R_1、R_2向C充电，以及C通过R_2向放电端C_t放电，使电路产生振荡。电容C在和之间充电和放电，其波形如图7-43（b）所示。

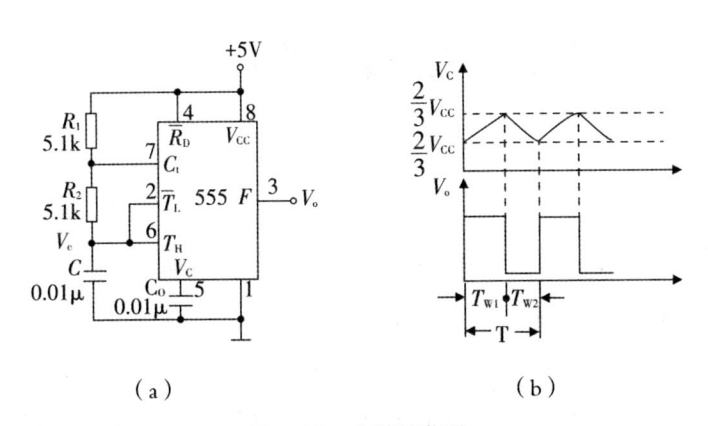

（a）　　　　　　　　　　　　（b）

图7-43　多谐振荡器

参考文献

[1]刘军.汽车电工电子[M].重庆：西南师范大学出版社，2018.

[2]张旭红.汽车电工电子技术[M].长沙：湖南师范大学出版社，2018.

[3]王芳荣，王鼎.汽车电工电子技术[M].北京：清华大学出版社，2018.

[4]缑庆伟.汽车电工电子技术[M].北京：机械工业出版社，2018.

[5]彭淑凝.汽车电工电子基础[M].科瀚伟业教育科学技术有限公司，2018.

[6]王秋梅.汽车电工电子技术基础[M].北京：机械工业出版社，2018.

[7]孔繁瑞，臧雪岩.汽车电工电子基础[M].2版.北京：机械工业出版社，2018.

[8]赵振宁，侯丽春.汽车电工电子与电力电子基础[M].北京：机械工业出版社，2018.

[9]张旭征.汽车电工电子技能速成一点通[M].北京：机械工业出版社，2018.

[10]刘冰，韩庆国.汽车电工电子技术基础[M].2版.北京：人民邮电出版社，2018.

[11]孙志刚，赵艳，王浩名.汽车电气设备与维修[M].3版.北京：北京理工大学出版社，2019.

[12]张宪，张大鹏.汽车电工电子基础[M].4版.北京：北京理工大学出版社，2019.

[13]郑军武，丁丽娟，雷小平.汽车电工电子技术基础[M].上海：同济大

学出版社，2019.

[14]杨家印.汽车电工电子[M].江苏凤凰教育出版社，2019.

[15]刘美灵.汽车电工电子基础[M].北京：人民交通出版社，2019.

[16]高加泉.汽车电工电子基础[M].上海：同济大学出版社，2019.

[17]黄宇婧.汽车电工电子基础[M].北京：人民交通出版社，2019.

[18]刘建平，饶思红.汽车电工电子基础[M].北京：高等教育出版社，2019.

[19]李贵炎，武文娟.汽车电工电子技术[M].上海：华东师范大学出版社，2019.

[20]闵光华.汽车电工电子技术[M].西安：西北工业大学出版社，2019.

[21]刘福海，孙春玲.汽车电工电子应用[M].北京：人民交通出版社，2020.

[22]贺如发，黄国润.汽车电工电子技术[M].北京：人民交通出版社，2020.

[23]郭三华，唐国锋.汽车电工电子技术[M].北京：机械工业出版社，2020.

[24]刘明军，赵显锋，陈军.新能源汽车电工电子[M].成都：电子科技大学出版社，2020.

[25]吕爱华，程传红.汽车电工电子技术[M].5版.北京：电子工业出版社，2020.

[26]李伯平.新能源汽车电工电子技术[M].西安：西北工业大学出版社，2020.

[27]万捷.汽车电工电子技术基础实训指导[M].2版.北京：机械工业出版社，2020.

[28]陈刚，王良模.汽车电器与电子技术[M].北京：机械工业出版社，2020.

[29]闵思鹏，徐济宣，阳冬梅.汽车车身电控系统检修[M].北京：北京理工大学出版社，2020.

[30]朱日莹.电动汽车技术[M].北京：机械工业出版社，2020.

[31]吴刚.汽车电气设备[M].北京：北京理工大学出版社，2020.